Serie Bianca Feltrinelli

GIORGIO BOCCA

ANNUS HORRIBILIS

Prima edizione in "Serie Bianca" gennaio 2010

Stampa L.E.G.O. S.p.A. Stabilimento di Lavis - TN

ISBN 978-88-07-17182-6

I fascisti al governo

Gianfranco Fini, il pupillo di Giorgio Almirante, primo segretario del Movimento sociale italiano (quello della fiamma tricolore, lo spirito di Mussolini che esce dalla sua tomba), è il presidente della Camera del Parlamento democratico, terza carica dello stato. Gianni Alemanno, stretto parente di Pino Rauti, biografo del Duce e ideologo del fascismo, è il sindaco di Roma, e come tale presente a tutte le commemorazioni antifasciste, a cominciare da quella per la strage delle fosse Ardeatine. Il ministro della Difesa è Ignazio La Russa, figlio e fratello di pugnaci fascisti milanesi, e il capo del governo, Silvio Berlusconi, è il moderato, che ha atteso quattordici anni per celebrare il 25 aprile, e che ha dichiarato, in una vigilia elettorale, che preferiva Gianfranco Fini ai democratici Veltroni e Rutelli. Ma l'aspetto più singolare di questo ritorno dei "neri" non è che con esso ricompaiano i fantasmi della dittatura o del razzismo, no, lo sconcertante, il destabilizzante è che i neofascisti si sono nel frattempo trasformati in neodemocratici ferventi. Alemanno, sindaco di Roma, è il più commosso quando ricorda i caduti per la libertà, e il più severo nel giudicare il regime fascista. "Da italiano," dichiara, "io provo un profondo senso di partecipazione al dramma dei cittadini italiani che subirono le leggi razziali, e provo dolore, rammarico e ripugnanza per la condotta disumana del fascismo nei confronti di quella comunità."

Dicono che il trasformismo di Fini sia a fin di bene e che perciò vada accettato, lodato. Ma il trasformismo non ha mai giovato alla politica italiana. Unica attenuante italiana al trasformismo dei fascisti sta nel fatto che il vizio è da noi diffusissimo. Nel 1997 i leghisti gridavano ai seguaci di Berlusconi: "Siete solo fascisti, solo fascisti", e Gianfranco Fini diceva: "Bossi non l'incontro nemmeno per un caffè". Quanto ad Alemanno, durante un comizio in Sicilia, dove Bossi aveva tentato una sortita elettorale, dichiarava: "Ha costruito la sua fortuna sul pregiudizio antimeridionale, il suo arrivo in Sicilia è una provocazione inaccettabile".

Quelli erano i tempi in cui Bossi chiamava il premier "Berluskazz", salvo ricredersi quando entrò al governo e disse: "Ho capito che anche voi avete un'anima". Oggi, per i cortigiani di entrambi il trasformismo è una "sana competizione".

Del resto il trasformismo in politica è accettato da molti convinti democratici come cosa normale. Ricordo la volta che in un pubblico dibattito Servan Schreiber, direttore dell'"Express", a cui rimproveravo di aver cambiato idea sull'Algeria francese, mi interruppe dicendo: "Solo gli stupidi non cambiano idea".

Dunque diamo atto ai fascisti italiani della facilità italiana a cambiare idee. Ciò che stupisce è il loro zelo da neofiti, l'ardore, l'impeto con cui dicono oggi il contrario di ciò che dicevano ieri, il fatto che non si curino neppure di spiegare a se stessi e agli altri questa estrema mobilità di opinione, che ha effetti pessimi, confermando gli italiani nel loro antico vizio: dar comunque ragione al vincitore, schierarsi dalla parte di chi comanda, avere uno scarso senso di responsabilità e di fedeltà. Proprio i neofascisti, che hanno sempre posto in primo piano nei loro valori la fedeltà, che hanno sempre giustificato Salò nel nome della fedeltà, sono diventati le banderuole più sfrenate.

Il trasformismo politico percorre tutta la storia unitaria. Che cosa sta facendo il presidente della Camera Gianfranco Fini? Qualcosa di simile a ciò che fece il suo maestro ripudiato Benito Mussolini: combattere lo stato finché stava all'opposizione, diventarne il difensore intransigente arrivato al potere. E cosa stanno facendo i sei o sette socialisti craxiani cooptati al governo? Difendono la borghesia moderata e magari reazionari dopo aver cantato in gioventù *Bandiera rossa*.

In entrambi non c'è nulla di totalmente nuovo e di totalmente vecchio, quello che manca nel modo più assoluto è altro: è l'intransigenza che fu del movimento Giustizia e Libertà, da entrambi odiato e disprezzato come velleitario e fallimentare. Non c'è contraddizione fra i socialisti berlusconiani che partecipano alla distruzione sistematica dello stato di diritto, delle sue garanzie, della sua giustizia, e i neofascisti passati alla democrazia. Il classico percorso trasformista dei socialisti della Romagna rossa che finiscono negli squadristi della marcia su Roma, o del craxismo che passa a Forza Italia. Come è possibile, dicevamo, che il neofascista Gianfranco Fini sia oggi il più deciso difensore della Costituzione repubblicana? Forse per un motivo ideologico. Perché fra i diversi *-ismi* del secolo passato – socialismo, comunismo, nazismo – il nostro fascismo si segnalava per la mancanza di un'ideologia organica, sostituita da un attivismo che ancora oggi risuona nei canti dei nuovi squadristi: "Nel dubbio, mena", "Prima di discutere d'idee, picchia". Un motto assonante con quello del nazista Goebbels: "Quando sento la parola cultura metto mano alla pistola".

In gioventù, quando ero nel Guf, Gruppo universitario fascista, fui comandato dal "federale" di Cuneo a partecipare a un dibattito sulla dottrina fascista, di cui avevo un'ignoranza totale, e pensai di cavarmela tacendo, ma ascoltando gli altri capii che nessuno ne aveva la minima idea: ripetevano luoghi comuni anticomunisti e antiliberali, il dispregio per la democrazia, s'ingarbugliavano nel tentativo di spiegare il mistero delle corporazioni, regolatrici, non si capiva come, della lotta di classe, e tutti, da buoni cattolici, sorvolavano sul tema del razzismo, che era il vero cemento ideologico del nazismo, e che noi avevamo ridotto alla condanna del deicidio. Che il fascismo abbia potuto, paradossalmente, essere la miglior scuola di antifascismo lo si capisce proprio dalla sua debolezza ideologica, dall'essere stato un sostituto dell'ideologia, qualcosa di difficile da spiegare, una febbre, una passione, un desiderio, a volte un delirio, ma non un'ideologia. Aveva a suo modo ragione l'ideologo del fascismo Julius Evola a dire che il reato di apologia di fascismo contemplato dalla Costituzione repubblicana era assurdo, "perché nessuno è in grado di dare una definizione precisa del fascismo". E l'unica cosa che sembrava certa nel fascismo, la sua negazione della democrazia, viene contraddetta dall'attuale conversione dei neofascisti alla democrazia. Si resta alle definizioni che si avvicinano al vero ma non riescono a definirlo. Quella di Gobetti: "autobiografia della nazione", quella di Vincenzo Cuoco: "adattamento alla storia e alla cultura di un popolo", tutte riassunte da Prezzolini quando scrisse: "Gli italiani sono negati alla democrazia. Olandesi, svizzeri, inglesi, americani sono nati democratici. Noi autoritari e faziosi. Che l'italiano sia un popolo democratico è un'assurdità. Forse non sono stato fascista perché ero troppo poco italiano". Ma che s'intende per adattamento alla storia e alla cultura del paese? Forse che per gli italiani la politica, come la religione, come la giustizia, come tutto, significa sopravvivere, usando furbizia e volubilità. Così era Mussolini, e questa del trasformismo è l'unica lezione sua che gli italiani capiscano: "Francia o Spagna pur che se magna". Per le minoranze etiche la conferma del trasformismo perenne è una dura lezione.

L'assurdo di questa storia è che la stampa che piace a Berlusconi ha sparato ad alzo zero contro il trasformismo di Gianfranco Fini. Perché? Perché è un trasformista? No, perché chiede il rispetto dei principi fondamentali della democrazia, quali la libertà di stampa, il rispetto dei diritti umani, il diritto di asilo dei perseguitati politici. Per aver commesso simili imperdonabili delitti Fini è stato definito "un compagno", come fosse un delitto esserlo, un politico fallito e irresponsabile pronto a suicidarsi, come dice Bossi. Questa è la destra, questi sono i conservatori, questi i liberali di casa nostra. Senza pudore, senza decenza rimproverano a Fini di difendere la libertà di stampa come se essa non fosse liberissima. "Dire che non è libera è una barzelletta" ha sentenziato il premier, che essendo proprietario di tre reti televisive, il padrone effettivo di quelle pubbliche, delle maggiori case editrici, e di parecchi giornali, è convinto, a ragione dal suo punto di vista, di essere l'informatore più libero e obiettivo del mondo. Il politologo Giovanni Sartori ha scritto che nessuno dei dittatori o aspiranti tali contemporanei parla più di autoritarismo. I regimi autoritari, ha scritto, si riproducono senza proclami e marce su Roma, con la cancellazione delle garanzie e dei diritti. E tutti i seguaci del nuovo capo mentre consolidano il potere autoritario lamentano l'odio in politica e invocano l'unità nazionale, mentre continuano gli attacchi alla magistratura e il ricorso al lodo Alfano, cioè all'abolizione del principio democratico fondamentale, la legge eguale per tutti.

Perché gli italiani temono un ritorno a qualcosa di molto simile al fascismo? Perché si conoscono, perché dai rapporti di ogni giorno con il loro prossimo, sanno di essere una somma di piccoli autoritari in potenza. Qual è il modo di pensare e di essere che presto assume ognuno di noi che arrivi al comando di un'azienda, metalmeccanica o editrice, profit o no profit, cooperativa o padronale? In novanta casi su cento arriva alla megalomania, all'alzabandiera quando il padrone è in azienda, al nome scritto in caratteri cubitali sulla facciata, alle cento fotografie sull'*house organ*, meglio se con pretese culturali e collaborazioni ben pagate agli intellettuali cortigiani. Fin qui vizietti quasi accettabili, meno accettabile ma inevitabile il controllo di ciò che dicono e pensano i dipendenti.

Nella mia lunga carriera ho capito, tardi e inutilmente, che qualsiasi critica tu faccia al padrone, anche se confidata all'amico sicuro, arriva all'orecchio del padrone. Con la tecnologia moderna dei controlli microfonici o telematici, solo un ingenuo può pensare di sfuggire al controllo, ma siccome la maldicenza e la critica sono diffuse, il risultato è che la megalomania padronale si può mutare in mania di persecuzione. Non c'è padrone che, in nome della necessità e dell'efficienza, non arrivi prima o poi a una richiesta di obbedienza del sottoposto. Non assoluta, non immediata, ma se il sottoposto dice no a una richiesta del padrone un numero intollerabile di volte, il padrone non dimenticherà il suo nome, fra i non collaborativi o fra i riottosi. Le riunioni aziendali, presto assurte a cerimonia religiosa, a Pentecoste, si modellano sul padrone-maestro che insegna e ordina ai dipendenti-allievi che ascoltano e annuiscono. Il padrone-maestro a volte presenta i suoi ordini come paterni consigli, ma anche qui, se il dipendente li rifiuta per una, due, al massimo tre volte, finisce, se non tra i reprobi, tra i rompiscatole, che per il padrone è la stessa cosa. In gioventù, quando ero forte e presuntuoso, elaborai una teoria rarissimamente vincente e spessissimo micidiale. Dissi e scrissi che per fare carriera, per salire nella scala del potere era necessario contraddire il padrone, se si voleva restare uomini di verità. Ma è un gioco alla roulette russa. E infatti quelli arrivati in alto di solito sono tra i più prudenti e ossequenti. Evitare le critiche al padrone è possibile, anche se impone un forte autocontrollo. Ma come evitare le lodi al padrone dei cortigiani, per cui servire e genuflettersi è un piacere? Con questi la partita è comunque persa, perché il padrone li disprezza ma non può farne a meno, a volte li strapazza ma mai se ne libera. A ben guardare il fascismo è questa normalità, quando le si aggiunge la galera o l'esilio.

Come spettatori impotenti di questo ritorno dei fascisti nella politica, nell'informazione e nella società, andiamo in cerca di spiegazioni, magari astruse. La prima che ci viene in mente è quella delle mode. La vita degli uomini, il loro costume, non sono regolati forse dalle mode? L'ultima, la più inspiegabile e ridicola è l'acconciatura dei capelli: improvvisamente gli italiani hanno cominciato a pettinarsi, anzi a spettinarsi, allo stesso modo, con ciocche di capelli a caduta sulla fronte. Me ne sono accorto da un figlio, che senza esagerare ha cominciato pure lui a spettinare i suoi capelli, a farli cadere sugli occhi. Pensavo fosse una trascuratezza, ma poi ho visto che tutti, ma proprio tutti, anche imprenditori, uomini politici, professionisti andavano in giro con la zazzera scomposta. All'osservazione sulle mode si può aggiungere quella analoga sulla noia: dopo avere per mezzo secolo, da apprendisti marxisti, parlato della politica come sovrastruttura dell'economia, ci siamo ridotti all'idea elementare della ricchezza come potere, avendo come uniche alternative le veline e il campionato di calcio.

Una faccenda italiana

Perché il fascismo è una tentazione perenne degli italiani, come una traccia di sottofondo che non scompare mai dalla nostra cultura? Perché siamo cattolici apostolici romani con un pontefice infallibile quando parla *ex cathedra*? E perché il revisionismo storico avverso alla guerra partigiana ha avuto un successo spontaneo diffuso anche tra i non fascisti? Credo, senza risalire all'imperialismo romano, perché la nostra cultura non è mai stata democratica, perché né Dante, né Petrarca, né Guicciardini né Machiavelli sono stati maestri di democrazia. Credo non si possa dar torto a Julien Benda quando dice: "L'Italia non ha avuto maestri di moralità democratica, Michelangelo compiva i suoi capolavori mentre Cesare Borgia, il principe di Machiavelli, crivellava di colpi un uomo legato a un albero per divertire le dame della sua corte". E Machiavelli, che almeno studiava lucidamente l'esercizio del potere e rivelava "di che lacrime grondi e di che sangue", fu un'eccezione; gli uomini di lettere, i retori e i filosofi del Rinascimento e dopo ignoravano il rapporto cruciale tra politica ed etica, si arriva a Leopardi per prendere coscienza di questa sordità democratica. Tutti i moti protestanti vengono soffocati nel sangue, l'Italia è piena di "sacri macelli" di eretici, il dissenso viene cancellato con i roghi e con le spade. La Rivoluzione inglese ci era ignota, quella francese in fama demoniaca. Per molti italiani benpensanti e moderati la democrazia è ancora la *magna meretrix*. Se il fascismo è una minaccia perenne per l'Italia è perché la sua cultura resta antidemocratica, perché invece che discutere sui doveri dei cittadini ci schieriamo secondo le fazioni e gli interessi.

Il riformismo autoritario, la democrazia autoritaria non li ha inventati Berlusconi. Prima e meglio di Berlusconi li ha descritti Giustino Fortunato: "Noi siamo autoritari fino alle ossa, e per eredità, per costumi, per educazione indotti a troppo comandare e a troppo ubbidire. A essere sinceramente con la libertà, a volerla intera e sempre per tutti come per se stessi, devota e ossequente alle leggi, generosa invano, a volerla educata e moralizzatrice, premio e non castigo di Dio. A noi insegnano soltanto il libro, magari l'imitazione straniera, non mai assolutamente l'intimo profondo convincimento dell'animo. Sfugge all'italiano medio il principio democratico che il potere, la conquista del potere devono andare di pari passo con le garanzie individuali dei diritti civili".

Il Popolo della Libertà berlusconiano continua a usare la *conventio ad excludendum* dei comunisti, chi non è dei loro è un nemico. La sovranità popolare resta dispotismo elettorale.

In Italia anche durante il regime fascista c'erano molti tira-a-campare niente o poco fascisti, che però avevano sogni e desideri che si sposavano con il fascismo. E non solo perché il fascismo prometteva di farli grandi e ricchi, ma anche perché era nuovo, aveva voltato qualche pagina dell'Italia monarchica e liberale di cui si conoscevano gl'inganni e i prezzi da pagare, perché aveva aperto le porte a nuove categorie, ai maestri di scuola, ai sindacalisti, ai ginnasti. Il fascismo era ridicolo? Ma noi italiani medi cosa eravamo? Le divise piacevano all'italiano medio, i distintivi, i nastrini dei combattenti erano una partecipazione a una alienazione collettiva. Partecipare alla politica attraverso il capo, il Duce, ma senza sapere niente della politica, era comodo. Berlusconi come il Duce è per molti aspetti ridicolo, velleitario, ma a molti dà l'illusione che sia tornata sui colli fatali di Roma, se non la grande storia, la presenza nella storia. Berlusconi ha come Mussolini il gusto melodrammatico per il travestimento, cambia il cappello da marinaio o da ferroviere, è uno dei nostri.

Il fascismo piaceva agli italiani, forse piace tuttora, perché era intransigente a parole, ma permissivo, complice nei nostri vizi nei fatti. È per questo che si sente puzza di fascismo perenne nella retorica permissivista della repubblica per cui chiunque faccia il suo dovere è un eroe, qualsiasi morto va applaudito al passar del feretro, anche chi faceva la guerra per soldi al servizio di coloro che con la guerra fanno affari, salutato da fanfare e capi di stato dolenti.

Ci siamo abituati nella Resistenza ai morti insepolti, che un nemico feroce lasciava appesi al cappio dell'impiccagione o in qualche fossa comune. Diffidavamo anche dei funerali familiari, il nemico feroce li usava per fotografare i presenti. La democrazia non è intransigente come le dittature, ma una democrazia come la nostra, fondata sulla Resistenza e sul patto resistenziale, esclude il ritorno del fascismo, coloro che stanno nelle "stanze alte" dello stato devono intervenire in difesa dello stato e non di chi ne minaccia l'esistenza. La differenza fra un'opinione pubblica democratica e una filo-fascista, filo-autoritaria non è una questione di vaghe idee come si ama far credere, ma di seri comportamenti, di rispetto delle leggi e non della loro violazione sistematica. Assistiamo a una fioritura di fascisti inconsapevoli o fascisticamente tracotanti: uomini politici che essendo a capo del governo invitano i cittadini a non pagare le tasse e a non accettare le decisioni della magistratura, a definire i giudici assassini e i giornalisti terroristi, sindaci che pur sapendo che l'apologia di fascismo è un reato vogliono intitolare una via a Pavolini, il capo delle Brigate nere, la teppaglia arruolata dal fascismo morente: l'esercito nero che, venuta meno la protezione dei tedeschi, si sciolse, scappò, non ebbe il coraggio di opporsi a quella insurrezione che non fu una bugia, ma liberò le città e presentò agli Alleati vincitori un paese che poteva autogovernarsi, che meritava di rientrare fra le nazioni civili, che ricostruiva un paese distrutto, che arrivava a un più civile rapporto tra le classi sociali.

È a questo patrimonio di sacrifici e di opere che dobbiamo rinunciare? Questi meriti dobbiamo abbandonare alla diffamazione solo perché è di moda parlare male dei nostri padri, diffamando quella grande occasione perduta, quell'occasione di mostrarci al mondo come un paese coraggioso e civile? Il revisionismo è accettabile anche come menzogna? Tempo fa ho visto un servizio sull'attentato di via Rasella di una televisione, manco a dirlo, revisionista: sosteneva che i partigiani avevano attaccato una colonna di pacifici altoatesini, bravi figli di mamma capitati per caso nella Roma della Resistenza. In realtà trattavasi del famigerato battaglione Bozen, specializzato nella repressione di partigiani, più nazista dei nazisti. Manca solo che le stragi di Marzabotto come di Sant'Anna di Stazzema siano ricordate come delle liete scampagnate delle brave SS del maggiore Reder.

La revisione della storia è una funzione culturale indispensabile, ma forse lo è di più, prima, la conoscenza della storia: sapere, anche a grandi linee, come è avvenuto che l'Italia sia diventata uno stato unico e indivisibile.

Il fascismo è già tornato

Sono anni ormai che ci chiediamo se il fascismo ritornerà, ma tranquilli amici, un po' è già tornato; non il fascismo del ventennio, ma quello di sempre, autobiografia della nazione, frutto spontaneo del nostro autoritarismo anarcoide, del nostro piacere di servire, della retorica patriottarda. Sono già tornate le parole del patriottismo e del nazionalismo retorico e gli annessi riti funebri: chi muore per sventura o per dovere viene chiamato eroe, chi insiste a vedere i nostri difetti antitaliano, e se non basta sovversivo, colpevole di opporsi, ironia della storia, a quanti vogliono sovvertire la democrazia. Se il fascismo di regime chiamava pantofolai o panciafichisti i borghesi di normale buon senso, questi che ci ritroviamo vedono complottisti e sabotatori in chiunque si opponga al nuovo sultanato. È tornato il populismo a due tempi, di elogio e di disprezzo, di tipo mussoliniano in cui gli elogi senza limiti agli italiani "popolo di santi, eroi, navigatori" e persino di migratori, si alternavano alla "povera razza italiana che non cambierà non dico in diciotto, ma neppure in centottanta anni". Tornerà il fascismo? Tranquilli, un po' è già tornato. La destra reazionaria è già piena di ex socialisti alla Bombacci, che pensano che un posto alla greppia valga il volta gabbana, e come tutti i transfughi sono i più entusiasti del nuovo duce e i più rancorosi con i vecchi compagni. La formazione in atto del nuovo regime la capisci dall'astio, dalla voglia di diffamazione, dal desiderio incontenibile di mettere a tacere chi si oppone al nuovo ordine. Nel rinnovato ma eterno fascismo c'è anche il disprezzo per la ragione pacata sostituita dalla ragione di chi urla più forte, la cagnara che imperversa ogni sera nei dibattiti televisivi dove i sostenitori del sultano si piazzano nelle prime file e su istruzioni del padrone urlano come cagnacci rabbiosi, impediscono agli altri di parlare. E riconosci i favoriti del sultano che con le loro voci riescono a coprire anche un rombo di cannone. Gli urli, la violenza verbale annuncio di quella fisica, e poi l'assoluta indifferenza alla logica, alla grammatica, alla sintassi, alla storia, a un minimo di buona educazione. Un guitto del giornalismo può tranquillamente accusarvi di non aver capito niente del terrorismo citando non i libri che hai scritto sul tema, ma una cronaca del suo incerto esordio. Non è solo la democrazia che questo nuovo fascismo allo stato naturale ed eterno vuole affondare, ma anche la normale convivenza, la normale educazione. Le élite della cultura vengono retrocesse alla vanità snobistica, gli studiosi di storia e di politica irrisi dai propagandisti, la stampa internazionale presentata come una canea invidiosa delle nostre glorie e dei nostri successi, e chiunque dissenta o si opponga è travolto da una marea di contumelie e di accuse infamanti che non risparmiano più nemmeno gli alleati di classe, i signori dell'industria e della finanza, anche loro investiti dal rancore del piccolo duce brianzolo, che sembra un ricorso storico di quello del ventennio che nel crepuscolo di Salò voleva "seminare di mine sociali la pianura padana", in odio ai grandi capitalisti che lo avevano abbandonato, l'infido Agnelli e il grigio Pirelli, come li chiamavano. E non mancano i sempiterni "pesci in barile", quelli che se la cavano dicendo di voler rimanere neutrali in questo scontro di opposti eserciti. Ma questa non è una guerra di conquista, è un'elementare difesa della democrazia.

La marea nazista

Gustave Le Bon ha scritto dell'ondata antidemocratica che percorse l'Europa alla vigilia del fascismo e del nazismo: "come un'inondazione, come una pestilenza che scuote il mondo intero. Poi si discuterà se era uno di quei periodi in cui il pensiero umano si trasforma, ma possiamo dire che per migliaia di giovani nell'Occidente la democrazia divenne un peso, un incubo, qualcosa di cui volevano liberarsi". Ci siamo di nuovo? Che senso ha questo ritorno al fascismo, al nazismo? Risponde ancora Le Bon: "Forse solo la sudditanza alle forze segrete che ancora non siamo riusciti a individuare e controllare, che obbligano le ghiande a trasformarsi in querce, le comete a seguire la loro orbita".

Anche oggi a migliaia di giovani la democrazia appare antistorica, perfida. A parole tutti antiborghesi, ma nel fondo partecipi della provvida schizofrenia che fa convivere la morale cristiana con i buoni e spesso loschi affari del capitalismo. Leggo con orrore e con terrore le cronache dei convegni dei nazifascisti. Alcuni li ho conosciuti di persona, tipi grotteschi ma minacciosi, ridicoli ma temibili. Uno che dirige una rivista nazista me lo trovai vicino di posto in un viaggio aereo da Milano a Roma, e seriamente, pacatamente mi diceva: "I due veri rivoluzionari del nostro tempo sono stati

Stalin e Hitler". "Hitler era un capo, un führer" dissi io, non sapendo cosa dire. "No, era un rivoluzionario," mi corresse, "uno che voleva salvare la nostra civiltà, l'unica degna dell'Occidente." Arrivammo a Roma e per combinazione scendemmo allo stesso hotel. All'ingresso era schierato un gruppo di giovani con il cranio pelato. Chi li comandava diede l'attenti al camerata arrivato da Milano che rispose seriamente con un "a noi" come ai tempi in cui Starace gridava alle folle di salutare nel Duce il fondatore dell'Impero. E di recente in televisione ho rivisto il camerata romano, un po' invecchiato, ma sempre con il suo nasone imperioso e l'infrangibile, indomabile voglia autoritaria, che spiegava al pubblico che le camere a gas naziste non erano mai esistite, forse qualche fucilato per tentata fuga dai lager, ma niente di più.

Negli ultimi tre anni in Italia ci sono state più di trecento aggressioni di nazifascisti, centosessanta atti vandalici contro monumenti o sedi antifasciste, ci sono aree nere nel Lazio, a Roma, a Rieti, Latina, Frosinone, e poi nel Veneto a Verona, dove allo stadio di calcio si alzano cori razzisti contro i calciatori di colore. Il tifo calcistico dei nazifascisti viene usato per avere un sostegno violento e fanatico alla squadra. I tifosi neri vengono pagati con biglietti per la partita, con vessilli e distintivi. Li chiamano ultras, gli irriducibili. Un fascismo allo stato brado. "Difendi i tuoi simili e distruggi il resto" è uno dei loro motti, o anche "La ricreazione è finita". Non c'è ragione nel comportamento di queste orde: solo essere contro, essere forti, picchiare i diversi, e anche simulare azioni sociali come l'occupazione di case e l'organizzazione di sedi dotate di tutto il folklore nero, labari, croci celtiche o uncinate. Un frasario violento per i militanti contro "le zecche", i comunisti, gli stranieri, i poliziotti e i politici. Una galassia caotica che va dai giovani ai dirigenti. Un gruppo combattivo è quello di Casa Pound, il poeta americano che scrisse contro l'usura, ammiratore di Mussolini, tenuto per anni in un manicomio americano. Del firmamento poundiano fanno parte i componenti più strani, dal cantante Lucio Battisti a Giulio Cesare, a Filippo Corridoni, a Enea, a Mussolini, con motti demenziali come "Marciare non marcire", "Distruggiamo la sinistra al caviale", un misto di futurismo e di azioni punitive, di case per gli sfrattati e di crani rasati, di camicie nere e di fotografie di Mussolini; e un trionfo dell'ignoranza: la negazione dei campi di sterminio, unita a gare di canto e a banchetti. Ma dietro tutta questa confusione e questa miseria culturale un convincimento antico e forte, cresciuto nei secoli della storia occidentale: il dominio dei bianchi, la voglia d'impero, che arrivano dal colonialismo del Novecento, avere il monopolio atomico, la supremazia militare, il consumo e l'uso della ricchezza del mondo, come qualcosa di naturale, di dovuto. "Sveglia bastardi", "son tornati i fascisti", "orgoglio bianco", e in aggiunta, un po' di revisionismo storico, non con le ricerche d'archivio, ma con le leggende e le fantasie del tipo: "Il diario di Anna Frank è falso, è stato scritto per convincere la gente che gli ebrei sono bravi".

Antieuropei e razzisti

Nascono in tutta Europa nuovi partiti neri, in Francia quello antiamericano di Olivier Besancenot, in Germania la NPD e gli altri gruppi in cui si esprime la paura dell'immigrazione dal Terzo mondo. No all'Islam e alla Turchia in Europa, no ai Rom, ai diritti dei gay; nuovi fascisti di tutti i tipi, duri e *light*, a misura del declino dei partiti di massa democristiani e comunisti, e dei sindacati. Non a caso la nuova destra nazifascista cresce nei ceti popolari, il British National Party arriva al sette per cento nelle periferie di Manchester e di Liverpool, in Belgio il Vlaams Belang, esponente dello spirito fiammingo, erede del razzismo di Degrelle è in crescita, come l'altro partito xenofobo, la Lista Dedecker, in Vallonia. In Ungheria domina il Fronte Nazionale di Gábor Bóna, che ha superato il quattordici per cento, a cui si affianca la Guardia Ungherese, che fa le ronde nelle grandi città. Gruppi nazisti si moltiplicano in Bulgaria, Slovacchia e Romania, dove il gruppo Mare, finanziato dal miliardario George Becali, presidente della squadra Steaua di Bucarest, ha superato il sette per cento. In Austria i due gruppi orfani di Jörg Haider, il Partito della Libertà e il Partito del Futuro, sono al tredici e al diciassette per cento, in Danimarca cresce il Dank Folkparti. Ancora in Francia Jean-Marie Le Pen con il sei per cento anche se il suo Front National è incalzato da un nuovo movimento di destra, il Mouvement pour la France di Philippe de Villiers. In Irlanda il movimento finanziato dal magnate delle comunicazioni Declan Ganley, contro gli immigrati e per l'Europa bianca, è al quattro per cento.

Da noi quelli di Casa Pound sono arrivati all'Aquila per dare soccorso ai terremotati, in tute nere, con cappuccio nero, su cui era scritto "me ne frego". Il sindaco di Poggio Picenze Nicola Menna gli ha affidato la gestione degli aiuti, il loro comandante ha detto: "Le case costruite dai partiti democratici sono cadute, quelle del ventennio non sono mai crollate".

Quando vediamo grandi democrazie come la Francia e il Regno Unito in preda a paranoie xenofobe che cosa ci possiamo aspettare? In Ungheria le tradizioni democratiche sono deboli, la prima democrazia fu del 1989 e coincise con una crisi economica che fece perdere due milioni di posti di lavoro. La conseguenza è la guardia magiara parafascista e i sindaci delle zone povere che negano i sussidi agli zingari e ai disoccupati. Il capo dei neonazisti Jobbik è nato come organizzatore studentesco, il loro movimento populista nazionale è il terzo partito. La vecchia propaganda anticomunista, dice Piero Ignazi, si è sedimentata nelle menti e nei cuori di molti italiani, il colpo di genio del Cavaliere è stato di rivelare che la paura del pericolo comunista esisteva ancora, una paura fobica, il comunismo che fa più paura del fascismo. Un'altra illuminazione della politica berlusconiana è stata di aver per così dire sdoganato la destra da se stessa, aver creato per la prima volta un partito dichiaratamente di destra.

Le nuove SS

Che tipo d'uomo è un nazifascista? Paradossalmente un debole, uno che si adatta allo stato brutale e caotico del mondo e che per resistergli aumenta la posta della barbarie, moltiplica la violenza e la ferocia. Non c'è distinzione di nazione e di razza, per le nuove SS, possono esserlo anche i cittadini del più democratico paese del mondo, gli Stati Uniti, se mandati nel carcere di Abu Ghraib torturano i prigionieri e li uccidono con la freddezza dei nazisti. Il nazifascista è un violento per paura, un aggressore per il terrore che ha dei diversi, che vuole sterminati. Léon Degrelle, il fondatore della divisione SS Vallonia ricorda nel suo libro sulla campagna di Russia: "Mi sono scagliato, brandendo il mitra, contro quelle bande che attaccavano la mia patria, le ho flagellate e distrutte, ho distrutto i loro sepolcri imbiancati sotto cui celavano la loro turpitudine, nulla ha potuto fermarmi, tenevo in pugno la bandiera con l'aquila bicefala del Sacro romano impero". Il modello supremo del nazifascista è il legionario "che si trova al posto che gli spetta, in prima linea, nel disprezzo dei valori borghesi, dei comodi mercantili. Fedele a una morale esigente. L'uomo non è mai grande come nell'azione". Il nazifascista ha modelli femminili contraddittori. La donna madre, sacra, perché procrea e continua la stirpe dei combattenti, e la donna oggetto sessuale da usare e da disprezzare. La prima assume spesso la parte dell'infermiera vergine, che si sacrifica e muore per curare i feriti, la seconda è la prostituta che può essere uccisa, anche in modo feroce con il calcio del fucile. Durante la campagna di Russia sui giornali delle SS c'era un disegno di Stalin sdraiato sul corpo dell'Europa, rassegnata allo stupro. Per il nazifascista la guerra è lo scontro tra la civiltà e la barbarie, una serie di opposti inconciliabili, di contrari assoluti, non la coesistenza del bene e del male che c'è in ogni essere umano, ma uno scontro di assoluti, tra il formato e l'informe, il civilizzato e il selvaggio, il puro e l'impuro, il secco e l'umido. Il nazifascista sta eretto, il comunista mongolo è strisciante, il primo è diritto come le cattedrali gotiche, come le torri medioevali, il secondo striscia e si riproduce come un millepiedi, il primo ha la pelle glabra e delicata, il secondo giallastra e rugosa. Hannah Arendt ha scritto che il nazismo ha creato la "banalità del male", ma forse è più giusto parlare dell'"orrore del male", dell'"obbedienza cadaverica" di cui parlava Eichmann, il capostazione della morte. La morte è l'altra contraddizione fascista, la morte che è negazione della vita diventa il valore supremo.

La dittatura morbida

L'Union Sacrée

Gli uomini di potere, di destra come di sinistra, concordi, invocano la fine della stagione dell'odio, per una "storia condivisa" fra il generale consenso delle "anime belle". Ma di chi parlano? Degli uomini in generale o di noi italiani? Certamente non di noi, visto che abbiamo appena rispedito a sicura fame e a probabile morte violenta i poveracci che cercavano di trovar scampo nel nostro paese. O degli esponenti della Lega Nord, partito di governo in crescita, che propongono di riservare ai milanesi dei posti sui mezzi pubblici, come avveniva nel Sudafrica dell'apartheid? I ripetuti appelli alla pacificazione, all'*embrassons-nous*, sarebbero convincenti se non venissero da un ceto politico, da una classe dirigente, diciamo dai padroni di casa nostra che si preparano a instaurare in Italia il "sultanato" di cui ha scritto Giovanni Sartori, cioè un regime di democrazia autoritaria, cioè una dittatura morbida, mascherata. Alla parola democrazia sono stati dati molti significati di comodo. Per i comunisti staliniani nella democrazia "progressiva" era l'aggettivo che copriva la dittatura, per i "padroni del vapore" la democrazia "condivisa" è quello di continuare a fare i propri comodi. Gli inviti a chiudere la "stagione dell'odio" mandano un suono falso se intanto nei fatti il nuovo sultano e i suoi clienti stanno sistematicamente snaturando la democrazia come sistema politico delle libertà e dei reciproci controlli, se ogni giorno i politici al potere aggrediscono la giustizia, attaccano la sua autonomia, creano nuove mafie più avide delle antiche, perseguono con metodo e tenacia la fine delle regole eguali per tutti, sostituite dai privilegi dei corrotti o dei servi, e con tutti i potentissimi mezzi d'informazione e di persuasione di cui dispongono predicano e impongono la loro dittatura morbida, la loro libertà di frode e di furto. Il consenso bulgaro che vantano, il settantadue per cento dei cittadini e anche una resa crescente all'ideologia del "vitello d'oro", del denaro guadagnato con ogni mezzo come unico scopo, unica misura della vita. Dite che esagero? Prendiamo due esempi forniti dalla cronaca giudiziaria. Nelle province ricche dell'Italia, lombarde ed emiliane, sono stati denunciati decine di amministratori pubblici per complicità nella truffa dei semafori taroccati, truccati, dove il segnale giallo è ridotto al minimo e subito appare quello rosso, del divieto di passaggio, per cui si moltiplicano le multe registrate elettronicamente. È un furto che gli amministratori pubblici in cerca di denaro praticano in decine di comuni, una violazione dei più elementari rapporti di fiducia, rispetto delle regole, patto sociale. Sempre dalla cronaca giudiziaria, si è scoperto come nell'hinterland milanese la cementificazione del territorio, la crescita urbana a macchia d'olio è dovuta alla larghezza dei comuni nella concessione delle licenze edilizie: più case, più soldi, più voti. La democrazia intesa come corsa al denaro sta distruggendo una delle ricchezze dell'Italia, il paesaggio, nella progressiva scomparsa di un'opinione pubblica attenta al bene comune, nella rassegnazione al potere indiscutibile del denaro. Dobbiamo uscire, si dice, dalla stagione dell'odio. Certo, ma non al prezzo di entrare in quella dell'indifferenza, del muro di gomma su cui privilegi e prepotenze rimbalzano come le pietre piatte sull'acqua.

Pubblico e privato

Gli italiani hanno perso con il modo di governare berlusconiano la cognizione di ciò che appartiene al privato o al pubblico, di ciò che va pagato dallo stato e di ciò che tocca al premier. A Capodanno, riferiscono le cronache più o meno piccanti, ci fu a Villa Certosa, residenza estiva del primo ministro, una festa di difficile definizione: mondana, partitica, estetico-elettorale, di formazione politica, di alta ruffianeria. Cinquanta avvenenti signorine furono trasportate in aereo da Roma alla Sardegna, ospitate per due giorni nella villa e istruite ai fondamentali della politica (quali esattamente non si è capito, se alla ricerca seduttiva del consenso o allo studio della Costituzione). Che la festa sia avvenuta è certo, perché una delle peculiarità per cui Silvio è famoso è quella di fare scandalo ma di farlo documentare e pubblicizzare dai suoi giornalisti e fotografi di fiducia, per esempio dal giornale di gossip "Chi" che è diventato un vero *house organ*, decisivo nella formazione della sua immagine. Chi ha pagato le spese? Ci voleva pochissimo a saperlo: se lui di tasca sua, se il suo partito per l'uso politico delle veline candidate alle elezioni, se qualche azienda pubblica, se il ministero degli Interni che deve provvedere alla sicurezza del premier e dei suoi ospiti. Nessuno nei giornali o nelle televisioni ha creduto opportuno chiederlo. La rivoluzione plutocratica vincente, il trionfo del lusso che ormai fa parte del costume contemporaneo lo sconsigliavano. Nessuno che abbia chiesto quanto sia costato il servizio poliziesco di protezione, come nessuno se lo è chiesto per la festa napoletana per il compleanno di Noemi, anche se era di pubblica conoscenza che il ristorante e la zona erano stati blindati da agenti e mezzi della polizia di stato. E il rischio era ben più forte che in Sardegna: fare un banchetto nei luoghi di *Gomorra* e dei Casalesi, essere attorniato per le fotografie ricordo da decine di sconosciuti, era un po' giocare alla roulette russa. Anche qui silenzio e ossequio al volere del potente cui il popolo ha delegato il governo. È lo stesso ragionamento che si fa per la legge *ad personam*, il lodo Alfano per cui Berlusconi sarebbe stato esente durante l'incarico da ogni inchiesta giudiziaria: come farebbe a governare, dicevano, se dovesse correr dietro a tutti i processi istruiti da una magistratura in mano ai comunisti? In fatto di etica di rispetto dell'opinione pubblica i politici si adeguano a quella che viene chiamata la morale corrente, che in pratica è la negazione della morale, la propensione umana a chiedere allo stato tutti i benefici e dare in cambio il meno possibile. Quando la morale corrente nella classe dirigente aveva un minimo di rispondenza alla morale *tout court*, Quintino Sella la sera spegneva le luci al ministero delle Finanze, Luigi Einaudi e Alcide De Gasperi accettavano di essere processati per le accuse di lesa patria di un giornalista come Guareschi, e il povero Ferruccio Parri dormiva su una branda in uno stanzino della presidenza del Consiglio. Era la chiarezza di una morale condivisa. Ora chi si chiede più se i soldi spesi per il G8 alla Maddalena servissero più alla campagna elettorale del premier che alla politica estera, e se le "opere del regime" tornate ogni sera in televisione, alcune spettacolari come l'inaugurazione del complesso per l'incenerimento dei rifiuti di Acerra con sapiente regia del nuovo duce che apre una tendina e appare il mostro divoratore d'immondizia, qualcosa di simile all'inaugurazione della bonifica pontina dei cinegiornali dell'epoca, con centinaia di trattori che appaiono sulla piana come un'armata provvidenziale, se le opere del regime, dicevo, sono sua propaganda personale o no?

La magistratura aveva aperto un'inchiesta, poi archiviata, sulla nuova confusione tra pubblico e privato: se il presidente del Consiglio aveva abusato dei mezzi dello stato per trasportare, su voli militari riservati a motivi di sicurezza e di rappresentanza, il suo cantautore personale Mariano Apicella, belle ragazze o ospiti vari, come documentato dalle fotografie di Antonello Zappadu, scattate col teleobbiettivo a Villa Certosa. Tra il 2002 e il 2005 la voce di spesa per i voli di stato era salita da ventitré milioni nel 2002 a sessantacinque nel 2005, cioè quasi centottantamila euro al giorno. Durante il governo Prodi si cercò di limitarli. Rigore di vita brevissimo: nell'agosto 2008, col ritorno al governo di Berlusconi, i viaggi si moltiplicano.

Il padrone e l'informazione

Nella democrazia autoritaria, o, se volete, nella dittatura della maggioranza, il padrone controlla e condiziona l'informazione. Da noi il presidente Berlusconi possiede tre reti televisive private, quelle Mediaset, e controlla quelle pubbliche, lasciando un piccolo margine di libertà a Rai Tre, che venne assegnata al Partito comunista ai tempi della spartizione con la Democrazia cristiana. L'informazione della democrazia autoritaria è compatta, perché? Perché ha un padrone potente e perché la maggioranza dei giornalisti è pronta all'obbedienza per tirare a campare. La prova di dittatura morbida in corso nel paese è impressionante, è chiaro che se non avessimo gli agganci alle democrazie occidentali saremmo pronti a scivolare dolcemente dentro il sultanato. Accadono fatti scandalosi e non solo pruriginosi: dalle violazioni alle garanzie ai diritti democratici, agli scandali sulle veline e le attricette, ma salvo due o tre giornali, uno o due telegiornali, tutti gli altri fingono di non udire, di non vedere; e tutti hanno accettato la regola del sultano del dire e disdire. Pochi sembrano rendersi conto che gran parte della sconfitta democratica è già avvenuta con questa mescolanza del vero e del falso, di detto e di contraddetto. Altro che il "sì sì, no no" evangelici. Nella democrazia autoritaria si vive tra il silenzio assordante delle notizie taciute e il frastuono delle menzogne. Anche nel frastuono delle canzonette, copiate ma pur che producano suoni, pur che riempiano il vuoto, come i comici che non fanno ridere, volgari, noiosi, ma sempre meglio, per il padrone, dei discorsi seri, anche definiti "pallosi", per il gusto plebeo di ridurre tutto al sesso, come l'uso nelle cronache sportive in cui si parla degli "attributi", per dire i coglioni. Una società che riduce tutte le eccellenze umane al possesso dei coglioni, al gallismo più elementare e brutale. Il toro da monta come l'ideale supremo, come la negazione del dantesco "fatti non foste a viver come bruti". Ma l'ideale della società contemporanea è proprio questo, viver come bruti.

Nelle televisioni italiane il sultano Berlusconi è il padrone, i dirigenti vengono nominati in una riunione a palazzo Grazioli, sua residenza. Al Tg1 Augusto Minzolini, cronista della "Stampa", uno che ha puntato da sempre su Berlusconi come sul vero padrone; alla direzione di Rai Uno il giornalista del "Secolo d'Italia" Mauro Mazza, e a quella generale della Rai Mauro Masi, uomini del premier. L'unico direttore di sinistra, nominato alla vigilanza Rai, Sergio Zavoli, tenuto sotto osservazione. La sua educata protesta è che le nomine "non tengono conto della ricchezza culturale dell'azienda". Quanto al nuovo presidente della Rai, Paolo Garimberti, si dice preoccupato "di non impedire il funzionamento aziendale". Le analogie con il fascismo di Benito Mussolini sono evidenti, come ha osservato il regista Marco Bellocchio: "Mussolini è stato il primo politico che si è servito della sua immagine per imporsi. La cosa si ripete con Berlusconi, che ha lo stesso controllo dei mezzi d'informazione. E le colpe non sono soltanto sue. La sinistra non si è opposta ai privilegi della chiesa, c'è una sproporzione evidente tra le chiese vuote e il fatto che ogni giorno dobbiamo sorbirci il papa in tv".

Per capire che tipo d'uomo è Berlusconi, e quale è il suo ideale dell'informazione e della cultura, basta pensare al "Giornale", il quotidiano fondato da Montanelli e da Berlusconi acquistato, ora adibito alle peggiori operazioni diffamatrici degli avversari, a feroci campagne disinformatrici. Ma non gli basta. Vuole anche il controllo della stampa rosa, del gossip mondano, è infatti il proprietario di "Chi", diretto da Alfonso Signorini, arrivato all'impudenza di dichiarare in televisione che "il suo giornale è il più serio e il più impegnato". E infatti "Chi" è diventato il faro che illumina tutti i fogli berlusconiani, i giornali e le televisioni. Un faro da tre milioni di lettori, la guida di un apparato informatore che Enrico Mentana ha definito "un comitato elettorale dove tutti sono d'accordo nel servire il padrone". L'uomo che possiede le più importanti case editrici del paese, la Mondadori e l'Einaudi, e anche altre, non ha mai desiderato di fare della buona informazione, di controllare le persuasioni occulte e i vizi dell'informazione. E sì che avrei dovuto capirlo dai giorni in cui, con Guglielmo Zucconi, lavoravo a Canale 5, nella convinzione ingenua che lui volesse rompere il monopolio della Rai e dei grandi quotidiani borghesi per fare un'informazione di alta qualità. Ma lui rimandava di mese in mese l'uscita di un telegiornale perché non sapeva cosa farsene, perché aveva paura di farsi coinvolgere nell'informazione vera, un equivoco durato anni.

L'ottimismo su comando

In un periodo di tristi previsioni e di stati depressivi, l'informazione di massa reagisce con un ottimismo forzato, automatico, senza distinguere, senza temere le esagerazioni. Guardate le pagine degli spettacoli e delle recensioni, ogni giorno c'è uno scrittore sconosciuto del Nebraska o delle Antille che ha venduto un milione di copie, o una cantante nera che ha smerciato due milioni di dischi. Il giorno dopo nessuno ne parla più, ma ci sono già i sostituti.

Nelle pagine milanesi o romane dei quotidiani trovano posto comici da strapazzo che non fanno ridere neppure per sbaglio, neppure i carcerati di San Vittore, neppure i barboni del Giambellino, neppure i sindaci che promuovono i melanconici spettacoli con sovvenzioni comunali. Ma la festa continua.

L'ottimismo dell'informazione di massa non si arresta di fronte al vergognoso. Su tutte le cronache la notizia scandalosa che i salari bassi non si muovono ma quelli dei manager sono saliti del diciotto per cento in un anno ha il giusto risalto. E si segnala quello dell'ex presidente dell'Alitalia, Giancarlo Cimoli, che è arrivato a milioni di euro dopo aver portato l'azienda al fallimento, e quello del presidente della Fiat e della Fiera di Bologna Luca Cordero di Montezemolo, che arriva ai sette milioni di euro che in lire fanno svariati miliardi, vedi il capintesta, il capo dell'Enel che gli euro non sa più dove metterli.

L'ottimismo caritatevole dell'informazione di massa spazia in tutti i campi dell'umana sussistenza. Gli studiosi degli oceani polari hanno scoperto che nei mari ghiacciati esistono nel profondo riserve favolose senza fine di specie ittiche, valanghe di crostacei carnivori. Un esercito di migliaia di scienziati è coinvolto in un progetto internazionale di ricerca di vertebrati e invertebrati, e negli ultimi anni hanno scoperto riserve senza fine persino nel canale di Sicilia, dove ostriche giganti sono abbarbicate al fondo marino.

Il consumo di materie prime minaccia carestie? L'informazione ottimista di massa corre ai ripari: il consumo insensato esiste, ma si può riparare, per esempio sostituendo le condutture d'acqua in rame con quelle di plastica. Le mutazioni climatiche insidiano la vita umana? Niente paura, la scienza sta già passando al contrattacco. Ogni giorno i media informano che un nuovo aereo a razzo attraverserà l'Atlantico in due ore, che sono già stati venduti centinaia di aerei da trecento passeggeri e che un 358 Airbus a due piani è già disponibile con una sala da pranzo per venti persone, stanze con letti matrimoniali, bagni con idromassaggio e alloggi per l'equipaggio fra cui fotografo, massaggiatore e piloti di riserva. Un'azienda svedese è pronta anche a fornire una batteria antimissile. Più il traffico è asfittico, più l'aria è mefitica, più il Vaticano è costretto a mettere tra i peccati più o meno mortali anche i sorpassi, e più le vetrine scintillanti della stampa consolatoria e ottimista si riempiono di offerte per i contemporanei, purché, s'intende, forniti di un congruo numero di milioni.

Dice Umberto Eco: quando qualcuno deve intervenire a difesa della libertà di stampa vuol dire che la società e con essa la libertà di stampa è già ammalata. Nelle democrazie robuste non c'è bisogno di difendere la libertà di stampa perché a nessuno viene in mente di limitarla. Il problema italiano non è Silvio Berlusconi. La storia è stata ricca di uomini avventurosi, non privi di carisma, con scarso senso dello stato ma altissimo dei loro interessi che hanno cercato di ottenere un potere personale scavalcando parlamenti, magistrature, costituzioni, distribuendo favori ai cortigiani e talvolta alle cortigiane, identificando il proprio piacere con l'interesse della comunità. E non sempre questi uomini hanno conquistato il potere, perché la società non glielo ha permesso. E allora perché prendersela solo con questi uomini e non con le società che li hanno lasciati fare? A instaurare il fascismo non è stato solo Mussolini, ma l'indulgenza e la rilassatezza della società. È inutile prendersela con Berlusconi che, per così dire, fa il proprio mestiere. È la maggioranza degli italiani che ha accettato il conflitto d'interessi, che accetta le ronde, che avrebbe accettato il lodo Alfano e anche il silenzio imposto alla stampa se non fossero intervenuti la Corte Costituzionale e il presidente della repubblica Napolitano. La nazione accetterebbe anche i vizi del presidente, il suo amore per le veline e anche la censura della chiesa sarà ben presto superata perché è da quel dì che gli italiani buoni cristiani vanno a mignotte, anche se il parroco dice che non si dovrebbe. In fondo agli italiani cosa importa che una parte dell'informazione sia sotto controllo? Nel 1931 il fascismo aveva imposto ai milleduecento professori universitari un giuramento di fedeltà al regime. Solo dodici rifiutarono, tutti gli altri si piegarono, a volte consigliati dagli stessi dirigenti dell'antifascismo. Ma quei dodici salvarono l'onore dell'Italia. Ecco perché bisogna talora dire di no anche se pessimisticamente si sa che non serve a niente.

La voglia di autoritarismo viene dalle sue scorciatoie, dal suo modo di rendere semplice, chiara, quella difficilissima arte che è la politica, l'arte di far coesistere i bisogni e i desideri degli uomini. I giovanotti con la testa rapata sono ridicoli, ma non sono di un altro mondo, di un'altra razza, sono i parenti stretti di quanti dopo i massacri e le ferocie pensano che la democrazia sia una vergognosa debolezza e la disciplina autoritaria l'unico modo serio di governo. Ed ecco che dei signori ricchi, potenti e abili come Bernie Ecclestone, l'organizzatore e padrone di quel grande circo che è la Formula 1, la corsa delle automobili, dichiara che per lui Hitler era "uno che sapeva come muoversi nel mondo" e che Saddam Hussein "aveva riportato un minimo di ordine nel Medio Oriente". A suo avviso Max Mosley, il figlio del capo fascista inglese, "potrebbe essere un ottimo primo ministro". E Nick Griffin, il leader del British National Party, organizza le proteste degli operai inglesi contro gli immigrati, cioè la pubblica dichiarazione che l'unità della classe operaia è un mito defunto.

Della democrazia autoritaria fa parte anche il terrorismo giornalistico, arma a doppio taglio che finisce per colpire chiunque lo pratichi, ma che comunque porta acqua al mulino antidemocratico, al prevalere della fazione sulla ragione, del prevaricatore e violento sugli onesti e rispettosi delle leggi. Si arriva alla Notte dei lunghi coltelli in cui anche i nazisti si uccidono a vicenda, in cui ogni regola civile è violata, in cui tutti sembrano perseguire solo i peggiori istinti. Agli attacchi della stampa sulla sua vita privata il sultano risponde gettando nella mischia le sue televisioni e i suoi giornali, a cui i servizi segreti deviati forniscono accuse e menzogne, come nel caso del direttore dell'"Avvenire" Dino Boffo, su delazione di un'informativa poliziesca. O il "nemico" Antonio Di Pietro e noi di "Repubblica" coperti d'insulti, insinuazioni, contumelie. La scusa è quella di stampo craxiano: a brigante, brigante e mezzo, che accomuna tutti, onesti e perversi, nella dissoluzione sociale.

"Faso tuto mi": l'attivismo frenetico dei CEO o supermanager come dei capi di partito è la premessa dell'autoritarismo soffocante. Il guaio del Berlusconi politico e governante è di essersi formato come padrone di azienda provvidenziale e insostituibile. Come a Canale 5 si occupava di tutto, delle luci, dei vestiti, degli odori e dei sapori, del sacrilego aglio come delle cravatte blu a pallini bianchi, o guidava all'alba il plotoncino dei dirigenti in visita in una sua villa alle Bermuda al footing mattutino (vedi i corsi e i ricorsi autoritari, ieri i gerarchi fascisti che saltavano nei cerchi di fuoco, anche loro sempre di corsa come il bersagliere Mussolini), così arrivato al governo ha fatto della politica italiana una corsa continua, uno spostarsi frenetico, un gioco delle parti vertiginoso: oggi a Washington, domani a Corfù, là per assicurare a Obama la sua fedeltà atlantica, lì per fare un regalino al gre-

co Karamanlis (una farfalla d'oro come alle veline?), e via di aereo in auto blindata per incontrare il presidente russo Medvedev, che senza i consigli di Silvio non può stare. Sempre senza stancarsi, senza provar nausea o soffocamento, in mezzo ai marcantoni della sua guardia, alti, magri e funerei, e a vederli un po' menagramo, con quel loro offrire il petto alle pallottole dei terroristi. "*Faso tuto mi*", e a sua imitazione tutto lo staff governativo si agita, si protende, si elettrizza. La ministro Brambilla dai capelli d'oro e dalle lunghe gambe ai cronisti che le chiedono perché si sia assentata a lungo da una trasmissione televisiva risponde: "Ero nell'ufficio del presidente a mettere a posto i programmi per il rilancio del turismo". Nemmeno il tempo di bere un caffè, di rifarsi il trucco, di tirare il fiato. Ma questo attivismo è una droga, un modo per fingere che la macchina amministrativa funzioni. Nell'economia pianificata dei paesi comunisti si pensava di far funzionare la produzione e la distribuzione con i Tolkac, letteralmente le "locomotive", i superattivisti che con ogni mezzo ovviavano alle lentezze burocratiche e ai disguidi pianificatori, capaci di scambiare ciò che occorreva all'azienda: tu mi dai tante tonnellate di bulloni e io ti do tante tonnellate di tubi. E se ricevevano merce di cui non avevano bisogno per la loro azienda, la usavano per altri scambi. Ma con i Tolkac, con i "*faso tuto mi*", l'economia dell'Unione Sovietica è andata alla bancarotta, e quella cinese per salvarsi è tornata al più duro capitalismo.

Il tiranno che vuole essere amato

Che accade nel bel paese? Accade quel che è sempre accaduto: le ideologie passano, la voglia di potere e di privilegi resta.

Il terribile terremoto abruzzese ha confermato i nostri fondamentali modi di pensare, l'inderogabile modo possessivo di ogni memoria: la mia famiglia, la mia città, la mia casa. L'uomo è incapace di avere memoria se non la lega a se stesso, alla minima ma decisiva parte che ha nell'universo, nel caos delle sue tempeste e delle sue rovine. La mia città! La mia casa! La mia famiglia! Senza quell'aggettivo possessivo il mondo non esiste, solo il distacco storico, l'indifferenza storica potranno stabilire un confine tra il personale e il collettivo. Poi c'è la chiamata di correo anch'essa inevitabile. L'uomo non può accettare l'indifferenza, l'innocenza di Dio, della Natura e dei suoi simili. Qualcuno sapeva ma non ci ha avvertito. I professori dell'osservatorio sismico lo avevano previsto. Inutilmente tutti i giornali, le televisioni e i vari testimoni affermano che è impossibile prevedere un terremoto, neppure gli americani della California possono farlo, anche se hanno scavato una galleria che arriva fino alla faglia, alla grande frattura sotterranea. Un colpevole deve esserci, uno che sapeva ma che per malvagità, pigrizia, capriccio non ha avvertito gli altri. Avanti ancora ascoltando i superstiti atterriti e disperati si arriva agli inevitabili ladri: sono caduti anche la prefettura e un nuovo ospedale, gli edifici del potere e della società, quelli che dovevano a ogni costo restare in piedi. E sono cadute più le case dei quartieri nuovi che della città vecchia, segno evidente che erano state costruite male, rubando sul cemento armato e sulla progettazione. La convinzione profonda degli italiani superstiti, miracolati e di tutti gli altri che seguono le cronache del disastro è che certamente, senza ombra di dubbio molti dei costruttori e dei progettisti hanno scientemente lesinato sulla qualità dei materiali, hanno cioè, in una zona notoriamente sismica, premeditato la strage, corso colpevolmente il suo rischio. Magari coinvolgendo gli stessi familiari, se in qualche modo sapevano di questi risparmi, di questi furti. Un esperto di terremoti ha detto: "In Giappone non ci sarebbe stato un solo morto". Esagerava, anche in Giappone i terremoti e gli tsunami fanno morti, ma non nel numero spaventoso del terremoto abruzzese. Poi ci sono le note positive dell'altruismo e del coraggio dei soccorritori, la pazienza e l'autodisciplina dei senza casa e senza roba, ma era noto anche senza il terremoto: gli italiani danno il meglio di sé nelle comuni sventure.

Il piacere di servire

Che cosa è la democrazia per gli italiani? Che cosa sono le elezioni? Diciamo come dovuta premessa che sono meglio della dittatura di stampo razzista. Dunque non commettiamo l'errore che commisero i comunisti stalinisti negli anni fra le due guerre mondiali, di stare a guardare la crescita dei fascismi in odio al socialismo democratico. Ciò detto, detto che quel po' di democrazia che abbiamo è meglio di nuovi nazifascismi, abbiamo poco da stare allegri. Gli italiani, il popolo sovrano, come lo chiamano, sono andati a votare per il governo dell'Europa ignorando volutamente i problemi europei e dividendosi pro o contro il sultanato di Berlusconi. Insomma, invece di discutere nella campagna elettorale sui nodi dell'economia europea, sulla sua difesa, sull'invasione dei poveri della terra, sulla laicità dell'Unione o sui persistenti condizionamenti delle religioni, ci siamo prevalentemente, a volte passionalmente occupati delle virtù e dei difetti del nostro Piccolo Cesare, dei suoi voleri e dei suoi capricci, dandogli modo di esercitare il suo umorismo per dire la sua sulle veline come sui capi di stato che frequenta. La dittatura è peggio del sultanato, la rivoluzione plutocratica e il colpo di stato dei manager sono meglio, non scherziamo, delle camere a gas e delle fosse di Katyń, ma non sono lo storicismo virtuoso che pensavamo, non sono una crescita civile, non sono il ballo Excelsior, sono risacca, sono fatica di Sisifo, sempre da ricominciare. Di fronte al modo italiano di votare per il futuro dell'Europa, volutamente menefreghista e provinciale, suonano grotteschi per non dire impudenti gli elogi sperticati che i politici rivolgono ai concittadini. Ascoltavo il ministro dell'Economia Tremonti sulla crisi economica e sugli errori commessi da economisti, banchieri, ministri accomunati nel suo disprezzo valtellinese, aspro e saccente. Ma inframmezzate alla requisitoria ecco le lodi sperticate agli italiani. Al punto di essere offensive, per gli italiani così intelligenti che a loro non gliela fa nessuno, così sapienti e prudenti che al loro confronto i professori di economia, i banchieri dovrebbero andare a nascondersi. Elogio populista che ritorna sulle labbra dei nostri ministri che presumono di sé moltissimo. Unica pietra di paragone alla loro statura: il popolo sovrano da taglieggiare e da incantare. Come chiamare questo periodo della storia italiana? Delusione? Risacca? La storia che si ripete? Pareva alla fine della Seconda guerra mondiale che avessimo imboccato la strada giusta nonostante i vizi e gli odi antichi, la strada che doveva portarci a stare tra i primi in Europa. Ma in Europa manderemo chi di Europa non sa niente.

Del piacere di servire fa parte l'onnipotenza, vera o recitata, del padrone. Ho provato il fascino di questa onnipotenza quando lavoravo a Canale 5, nel suo regno. Ci arrivavo in auto attraversando la Milano puzzolente e rumorosa dei poveri, e varcati i cancelli di Milano 2, con i custodi in divisa, entravo nel mondo ordinato, lustro e fiorito sotto le grandi torri delle televisioni, simbolo di potere e ricchezza come le torri medioevali. E standoci sentivo, quasi fisicamente, la presenza dominante del padrone, la sua provvidenzialità. La segretaria di redazione teneva nel cassetto delle cravatte, nel caso uno di noi si presentasse al lavoro senza, perché tutti vestivano come lui voleva, bandito come blasfemo l'odore di aglio. Nessuno avrebbe recato danno alla sua immagine, riso delle sue debolezze. Come tutti gli imprenditori di questo mondo attorno a lui c'erano reti di protezione, di segretarie devote. E in più Berlusconi non è un tiranno feroce, ma un uomo, quando vuole, cortese, affabile, e per certi aspetti ammirabile; come dice il suo amico Fedele Confalonieri: "Lui è come Anteo, se lo butti a terra moltiplichi le sue forze", e finché il miracolo funziona la gente applaude. Il rischio è di rimanere a terra e di essere vilipeso come uno sconfitto. Ma finché il miracolo di Anteo si rinnova lui ci prova. I giornali, anche quelli cortigiani, lo seppelliscono sotto una valanga di letame: ha frequentato e corrotto un avvocato inglese di nome Mills specialista in paradisi fiscali, ha comprato le licenze per le sue televisioni evitando le sanzioni, ha abbattuto i concorrenti con metodi sleali, ma la maggioranza degli italiani continua a votarlo come capo del governo. Gli oppositori gli chiedono di cambiare. Pretese puerili. Lui è così da sempre: una mescolanza di abilità professionale e commerciale come fondatore delle televisioni popolari, ma anche di capacità "affaristica". Ai clienti affamati di pubblicità Publitalia diceva: "Vuoi fare pubblicità? Prendi in blocco il pacchetto che ti proponiamo". Un altro fascino di Berlusconi è il rischio calcolato, affronta i nuovi pascoli della ricchezza, prima i quartieri residenziali, poi la televisione, passando sopra, se occorre, alle regole e ai divieti, ma fermandosi sempre nei limiti della borghesia mercadora dei Buddenbrook, che in prigione non ci va mai, potendo assumere i migliori avvocati. La modifica sistematica delle leggi per aggiustare i processi agli occhi degli italiani diventa una virtù, ciò che ognuno vorrebbe essere, una capacità inaudita di osare e di operare. La situazione attuale di Anteo-Berlusconi sembra disperata a chi come lui ripete ogni giorno l'elogio della pazzia, l'assoluta indifferenza morale, la capacità di saldare gli affari alla politica, la televisione al governo, la pioggia di regali e di regalie all'attivismo instancabile. Il gioco è mortale, Berlusconi rischia la fine del tiranno. Ma finché dura la combinazione del denaro e del potere il popolo l'approva.

Un mistero italiano: come fa il paese anarcoide dove ognuno si crede capo del governo o commissario tecnico della nazionale di calcio o governatore della Banca d'Italia a essere contemporaneamente il paese dei servi felici di esserlo, dei cortigiani, degli yes men più spudorati e appassionati nell'obbedire al duce vero o presunto del momento? Lo spettacolo quotidiano dei portavoce del potere proni nel servizio dei padroni è ogni volta motivo di stupore nonostante la consuetudine millenaria. Dalle mie parti in Piemonte dicono che gli yes men, come le galline impaurite, partono a un gesto del padrone "ventre a terra", che mi sembra un'immagine calzante, anche se superata dall'obbedienza "cadaverica", fino alla morte, di cui parlava Eichmann al processo di Gerusalemme. Arrivano puntualmente all'ora dei telegiornali portavoce o portaborse del governo; tutti, non sapresti dire come, con il servilismo stampato addosso, nei gesti, nello sguardo, nella voce per smentire "assolutamente" ciò che i loro padroni hanno dichiarato dieci minuti prima *coram populo* e dal modo di guardare nella telecamera i milioni di concittadini sudditi, quel modo un po' strabico un po' da sonnambuli di chi ha per unico ma potentissimo ausilio la improntitudine senza limite, ebbene è chiaro che sono pronti a tutto: a dire che Barack Obama è ansioso di incontrare il nostro premier per ringraziarlo di aver fermato la guerra in Cecenia o in Georgia, scongiurato la crisi economica e compiuto altre mirabili imprese. Ma dove i nostri "ventre a terra" danno il meglio del peggio è nell'annientare chiunque si sia permesso di criticare il governo sia pure nella forma letteraria della satira. Allora lo sdegno dei portaborse, la voglia incontenibile di sbranare gli avversari della maggioranza, di farli a pezzi e bocconi, di irriderli, di additarli al disprezzo generale non ha più limiti. O a dir meglio ne ha uno di cui fingono di non accorgersi, il vizio antico del melodramma, della retorica populista, del comizio trucibaldo. L'autore di un'inchiesta televisiva sul terremoto poco gradita al potere che diventa uno squilibrato, un fomentatore di guerra civile, un empio traditore dei fratelli, un Maramaldo che infierisce sui morti. Ogni tanto gli italiani scoprono una parola nuova di raro usata e gli pare che abbia la facoltà di spiegare ciò che in quella lingua straniera che è l'italiano non sanno, non riescono a capire. Parole, modi di dire come "assolutamente", "in prima persona", "snobista" e simili. Una di moda è la parola "ironia", usata in tutte le salse e con la massima improntitudine, dato che notoriamente l'ironia è un modo di pensare, di comportarsi, di essere agli italiani totalmente, o quasi, estraneo.

Il popolo sovrano

"Io ascolto la gente" dice Umberto Bossi, fondatore della Lega. È il suo modo di fare politica, la sua etica politica. Non sembra un progresso da quando Immanuel Kant diceva: "Il cielo stellato sopra di me, la legge morale dentro di me". Che vuol dire Bossi quando dice che la sua coscienza è la *vox populi*? Che è un buon democratico o un populista senza ritegni, che vuole il consenso elettorale o il buongoverno, che è pronto a seguire le folle nelle loro divagazioni fra la libertà e il piacere di servire, fra la responsabilità e ciò che vuole il padre padrone? La pensa come Bossi gran parte dei moderati e reazionari della nuova destra, il cui odio e disprezzo si rivolge ai colti e agli educati, che per essere fuori dal coro vengono chiamati impropriamente "snob". La filosofia politica di Bossi, "ascoltare il popolo", va presa con un forte spirito critico: non è consigliabile seguire il popolo sempre e comunque, nelle sue tentazioni e nei suoi furori. Ogni mitizzazione delle masse contiene un inganno e un uso strumentale. La formula della buona politica è un'altra: la ricerca del consenso popolare non può ignorare il rispetto delle leggi, divine o civili che siano. Se si fosse ascoltata solo la voce del popolo la storia d'Italia sarebbe ferma al "Francia o Spagna pur che se magna". L'8 settembre del '43 il popolo, i quaranta milioni d'italiani di allora avevano come pensiero dominante il "tutti a casa" dell'armistizio, scambiato per la fine della guerra. Ad avere l'idea che fosse indispensabile guadagnare con la Resistenza al nazifascismo il biglietto di ritorno alla democrazia furono subito un migliaio, come le minoranze che hanno sempre fatto le scelte virtuose per il popolo. Che si vuol dire? Che l'*one man one vote*, la democrazia è un sistema politico sbagliato, demagogico? Ma no, ci va bene il famoso giudizio di Churchill: "È stato detto che la democrazia è la peggior forma di governo, eccezion fatta per tutte quelle altre forme che si sono sperimentate finora". Ma non è buona democrazia ascoltare il popolo quando applaude ed elegge a sindaco di Treviso il signor Gentilini che su una pubblica piazza grida che bisogna "eliminare i bimbi rom che rubano agli anziani", o quell'altro della Bassa lombarda che si rifiuta di celebrare il matrimonio "se la sposa è un'islamica". Questa storia della destra che se la prende con gli snob è semplicemente ridicola. Se c'è una cosa per cui gli italiani sono negati è lo snobismo. Noi siamo melodrammatici, che è esattamente l'opposto.

Il potere come teatro

Dopo la caduta definitiva di Napoleone i grandi d'Europa si riunirono a Vienna per accordarsi sul nuovo ordine, che era poi l'antico degli aristocratici al potere. Il Congresso si diverte, scrissero i cronisti del tempo. E fu davvero così: re e cortigiani sopravvissuti alla bufera della Rivoluzione francese e alle guerre napoleoniche passarono gran parte del tempo in pranzi e in balli e in amori. Fu il capostipite dei G8 che tanto piacciono a Berlusconi, che è riuscito a imporli all'intero Occidente come sacra rappresentazione del potere. Qualcosa di cui il potere sentiva il bisogno: l'occasione di mostrarsi in tutta la sua pompa, i suoi sprechi e la sua recita per i sudditi di un ordine ricomposto, di gerarchie ristabilite, di una storia che continua. In occasione del terremoto in Abruzzo affidato alle cure di Guido Bertolaso, capo della Protezione civile, ci parve giusto riconoscergli funzioni effettive di gran ciambellano del regno, capace di provvedere ai suoi bisogni e alle cure dei suoi mali. E lo conferma la notizia poi appresa che si occupava anche del G8 che doveva svolgersi alla Maddalena, ma che per evidenti necessità di rappresentazione è stato trasferito all'Aquila, capoluogo dell'Abruzzo terremotato. Bertolaso ci ha spiegato che il trasferimento è tutto sommato un buon affare sia dal punto di vista spettacolare, emotivo, sia da quello economico. Il G8 alla Maddalena sarebbe infatti costato una montagna di milioni di euro per le spese di sicurezza e di alloggi per le migliaia di delegati e di giornalisti da ospitare in navi gigantesche e da proteggere con migliaia di poliziotti e di soldati. A che pro? Per quale reale e urgente necessità? Ma che domande ingenue. I G8 come il Congresso di Vienna, come tutte le rappresentazioni del potere, militare, politico o religioso che sia, servono prima di tutto a dimostrare che esistono, a simulare una ragione, una necessità, una provvidenza, immaginarie ma necessarie. Al punto che queste manifestazioni continuano a dispetto della modernità e del progresso tecnico. Che bisogno c'è di organizzare questi convegni dei potenti in questo o in quel punto del pianeta con spese colossali e rischi terribili quando ci sono gli apparati delle telecomunicazioni che consentono tutti i tele-eventi che si desiderano? Al massimo c'è da trovare un certo accordo tra i fusi orari, ma si può fare. Ma a cosa servono i G8? Quali accordi per il governo del mondo producono? Uno solo, diremmo: convincere i potenti riuniti e i loro sudditi in rispettoso ascolto che è possibile, e perlomeno tentabile, un avvento della ragione, una tregua degli egoismi e delle follie umane. Ecco una delle ragioni per cui i G8 piacciono tanto a Silvio Berlusconi e in genere ai potenti. Gli piacciono non perché pensino davvero che servano a cambiare lo stato caotico delle umane faccende, ma perché le buone intenzioni sono tutto ciò che si può pretendere da una specie dissennata come la nostra. E soprattutto perché cosa c'è di più caro al potere, se non la sua recita dal vivo, davanti agli uomini in carne e ossa, con le bandiere multicolori che palpitano al vento, con la folla schierata al passaggio delle automobili presidenziali? Anche ai G8 i potenti si divertono come al Congresso di Vienna. La diplomazia non è una delle conquiste del genere umano?

Berlusconi dice di aver avuto successo per sé e per l'Italia con l'organizzazione del G8. È vero, è un ottimo padrone di casa a nome suo e dei contribuenti italiani: alloggiamenti perfetti, cibo eccellente, intrattenimenti rilassanti. Da playboy ad anfitrione. Ma ha continuato ad attaccare la stampa non amica, si è lamentato di avere pochi poteri, ha richiamato all'ordine anche la Lega perché non abbastanza obbediente, ha definito l'opposizione "un cadavere comunista".

Nei giorni in cui giornali e televisioni erano pieni di G8, ho pensato al curioso destino degli abitanti della città dell'Aquila. Sopravvissuti a un terremoto che ha ucciso centinaia di loro, distrutto le loro case, guastata per sempre la loro idea di città come rifugio e salvezza delle memorie e degli affetti, ecco che in risarcimento e ricompensa i grandi del mondo offrono una gran festa, la loro festa, la festa della loro ricchezza e del loro potere. Tipica offerta di chi sta bene a chi sta male. Una festa da cui i locali sventurati e afflitti sono drasticamente esclusi. Non solo non vi hanno partecipato, ma gli è stato anche proibito di circolare liberamente, di andare in campagna per funghi o insalata, per far l'amore o portare a spasso i bambini. I campi, gli alberi, i fiumi, tutto riservato ai ricchi e grandi della terra, agli ospiti di pochi giorni, loro sì forniti di lasciapassare, loro sì ospitati negli alberghi e negli edifici riservati, al riparo da pioggia e freddo.

Ma non solo gli abitanti dell'Aquila dicono di aver provato stupore e rabbia: la faccenda è sembrata anche altrove un'esibizione indecente di spreco del pubblico denaro. Ma come, la polizia e i carabinieri non hanno i soldi per muoversi sulle loro gazzelle o pantere, da ogni parte in nome della sicurezza che manca si spendono soldi nelle ronde, è tornato anche il "comandante" Gaetano Saya con le sue aquile e i suoi saluti romani, e per il G8 abbiamo mobilitato ventimila agenti, aerei e carri armati, persino i controlli satellitari? Per cosa? Per governare il mondo? Ma andiamo. I ricchi e i potenti sono venuti per divertirsi e fare affari, come il presidente della Cina, il laborioso ingegnere tornato precipitosamente a casa sua per domare la ribellione degli uiguri in cerca di libertà. Al suo posto sono rimasti a combinare affari trecento imprenditori, che hanno fatto del comunismo il più insaziabile capitalismo imperialista.

Il G8 per il nostro capo del governo è stata un'occasione di popolarità personale a spese dei sudditi. Non gli bastavano gli investimenti fatti in Sardegna per ingraziarsi i locali e vincere le elezioni regionali, arriva il terremoto e, detto fatto, coglie l'occasione per far spendere allo stato altri miliardi, al fine di mostrarsi su tutti i fogli e tutti gli schermi. Un tempo i sovrani gratificavano i sudditi di caroselli in costume e fuochi d'artificio. Oggi ai sudditi sprovvisti di pass si consiglia di stare in casa o in tenda, come ai terremotati.

"L'attentato"

Dalla sua stanza dell'ospedale San Raffaele, da lui finanziato per deviare da Milano 2 – suo investimento edilizio – le rotte aeree in partenza da Linate, Silvio Berlusconi, ferito al volto da uno psicolabile, che essendo tale ha usato per arma un modellino in polvere di marmo del Duomo, ha ripetuto agli amici: "Ma perché mi odiano tanto?". Domanda che solo un grande sovversivo, solo uno che fa di continuo l'elogio della pazzia, del superamento del modesto buon senso, convinto di poter andare oltre il possibile, oltre il normale e il lecito può porsi nel momento in cui la risposta dovrebbe essergli chiarissima: mi odiano perché non sopporto le regole della democrazia parlamentare dettate dalla Costituzione, perché voglio farmi uno stato a mia misura e comodo. E a sua imitazione, a sua eco, il Popolo della Libertà, come lo ha chiamato, accusa indignato, accorato la metà degli italiani a cui la democrazia parlamentare dei controlli e delle garanzie va bene, va meglio della democrazia autoritaria e del simil-fascismo che rialza la testa nel mondo.

Perché mi odiano tanto? Si stenta a credere che se lo chieda davvero. Lo avversano, cercano di resistergli per una ragione diremmo storica: per sfuggire al destino, alla condanna di essere uno stato, un popolo incapace di essere libero, sempre in preda alle tirannie. Berlusconi si chiede perché è tanto odiato? Perché la metà degli italiani, e forse più della metà, lo ha visto nei sedici e passa anni della sua avventura politica sempre intento a svuotare e colpire, a disprezzare questa democrazia: non sopporta le sue regole, sempre alla testa del partito del fare che produce, che intraprende, ma se i giudici lo fermano quando varca il confine del lecito li accusa di invidia e di odio, tipiche accuse generiche di chi vuol fare ciò che gli comoda. Non a caso Berlusconi si è rifiutato per sedici anni di partecipare alle commemorazioni della Resistenza, non a caso ha sdoganato i fascisti, non a caso si è alleato con il separatismo antirisorgimentale della Lega, non a caso ha sdoganato i peggiori dittatori superstiti, sempre anteponendo i buoni affari ai buoni principi. E si chiede perché è odiato da quanti hanno voluto, hanno sperato, hanno tentato di fare dell'Italia un paese dove la legge è uguale per tutti, dove gli oppositori non sono *ipso facto* "comunisti assassini", dove chi si oppone alle forme risorgenti di fascismo non è *ipso facto* un seminatore di odio, un infame, un traditore? C'è il pericolo di un ritorno del fascismo? La storia è imprevedibile, ma la possibilità è innegabile. Basta constatare come il delitto di un pazzo è stato sufficiente a rovesciare le parti, a mettere a prudente silenzio gli oppositori, sotto accusa i difensori della democrazia.

Il sultano

La definizione più calzante di Berlusconi me la diede il suo avvocato Cesare Previti: "È uno che ha una marcia in più", nell'attivismo come nella megalomania, nella capacità di vendere case o pubblicità, nell'ottimismo come nelle smentite di cose appena dette.

Torniamo al 2008, un miliardario brianzolo ossessionato dal potere si aggira per l'Italia. Ha un nemico mortale di nome Prodi e lo insegue nelle vie e nelle piazze, nelle televisioni di cui è padrone, sui giornali, in Parlamento, nei ministeri, nei campi di calcio, dovunque. Non si darà pace, non deporrà la fatale inimicizia finché non avrà distrutto il pacifico, bonario professore bolognese che spesso chiama con il nome irridente di Mortadella. Ha scritturato una canea di botoli furiosi che dall'alba a notte fonda, simulando amor di patria offeso, insultano Prodi e lo deridono. Non c'è travaglio o sofferenza del popolo italiano di cui Prodi non sia colpevole. Rincarano le cipolle? Manca il riscaldamento su un treno di pendolari? La neve e la pioggia flagellano le città del Meridione? Subito, da cento schermi televisivi, da cento giornali i servitori del Cavaliere, melliflui e irridenti indicano in Prodi il colpevole, lo offrono alla rabbia e alle ire vendicative dei sudditi. E tutti attendono, con la bava alla bocca, che dia finalmente le dimissioni, che si ritiri sul natio Appennino tosco-emiliano a pedalare faticosamente su una bicicletta da corsa che sembra sempre sul punto di spaccarsi sotto il suo peso di ragazzo grasso: il nostro Fatty della comica ridolinesca che viene ripetuta di continuo per farlo apparire goffo e femmineo mentre il suo rivale, il Cavaliere, è giovane, robusto, scattante, con i capelli tinti di un bel nero. Di cosa non è colpevole il pacioso professore di Bologna? C'è il direttore di un telegiornale del Cavaliere che arrotonda la bocca a cul di gallina quando alla fine di una descrizione delle sventure nazionali causate dal Professore arriva al momento topico di pronunciare il suo nome, a cui fa seguire le accorate richieste di otto milioni di italiani, che chiedono la cacciata dell'inetto, dei tre milioni di italiani che si sono già iscritti al nuovo partito del Popolo della Libertà, perché il Cavaliere crede nella magia delle parole, crede che a ripetere la parola libertà i suoi seguaci si trasformino da servitori in liberi.

Nella sua ossessione non ha pari, l'ossessione gli dà forze sovrumane, fa cinque comizi al giorno, vola dal Brennero a Capo Passero, le televisioni lo riprendono nel momento in cui emerge pieno di energia dal gruppo di guardaspalle che lo circonda. Non si dà tregua, raccomanda le amichette dei suoi galoppini elettorali, insulta i magistrati, passa dalla politica al calcio, descrivendosi in entrambi come provvidenziale. Il Milan vince un titolo mondiale e lui racconta che suo padre lo aveva previsto fin dalla più tenera età e legge un suo diario adolescenziale per la gioia dei cortigiani entusiasti. Il Cavaliere è amato da milioni di italiani perché non nasconde la sua ossessionante megalomania, ma la coltiva con sincera passione. È fatto così! Non possiamo far altro che seguire la sua vertiginosa parabola.

Berlusconi è un uomo ossessivo in tutto, a cominciare dagli abiti e dagli odori, strana ossessione per uno che gira vestito come un commesso viaggiatore e va col capo coperto da un lucido nero da scarpa. I cattivi odori lo terrorizzano. Distribuisce ai deputati del Popolo della Libertà uno spray al mentolo, accompagnato da un biglietto: "Egregio onorevole, certo di farle cosa gradita la prego di accettare questo piccolo omaggio fresco e profumato, e di usarlo al fine di rendere sempre piacevoli gli incontri", firmato "un cittadino che confida nel benessere". Il potere del sultano, Berlusconi lo esercita anche sui corpi altrui, e sui loro vestiti. L'ossessività di Silvio si manifestava quando insegnava a far televisione. Tutto doveva essere rapido, non dovevano esserci attimi di vuoto. Il suo collaboratore prediletto era un allenatore di pallacanestro che lo seguiva per gli studi con un cronometro e rimproverava chiunque avesse peccato di lentezza. Com'è possibile che un uomo così ricco di difetti e di manie abbia poi l'ambizione, non solo di essere obbedito, ma di essere amato? Com'è possibile che voglia perseguire il comando assoluto ma al tempo stesso piacere al prossimo?

Mai nulla al mondo si riproduce in modo eguale, Berlusconi è diverso da altri padroni per questo suo desiderio di essere amato, per questa sua ritrosia fisica alla ferocia: un alternarsi continuo fra la voglia di comandare e la voglia di piacere. Per questo Goebbels negava a Mussolini la qualità di un führer, che invece riconosceva a Stalin, "un vero rivoluzionario". Ossessivo nell'ottimismo quanto facile ai complessi di inferiorità. Appena entrato a Canale 5 avevo scritto che era un uomo convinto della sua onnipotenza, ma con un complesso d'inferiorità verso gli intellettuali; il mattino dopo suonò il telefono. Era lui: "Scusami ma sono in punta di piedi per vincere il mio complesso d'inferiorità". Megalomane e ottimista, e al tempo stesso sospettoso e incerto, come nei giorni dopo le elezioni europee del 2009, quando scopre che c'è un piano eversivo contro di lui che mira a sostituire "un eletto con un non eletto", riferendosi a Mario Draghi, governatore della Banca d'Italia. Complotto secondo lui organizzato dalla stampa di sinistra guidata da "Repubblica" e da Murdoch, il padrone di Sky e suo concorrente nelle televisioni, e anche da persone del suo partito. Complotto a cui sembra credere Massimo D'Alema quando avvisa l'opinione pubblica che stanno per avvenire delle forti scosse nel partito del Cavaliere, ed esorta la sinistra a tenersi pronta a questo terremoto politico.

Il potere e la ricchezza

Il tema è: la ricchezza come naturale appannaggio del potere politico. Il primo ministro russo Putin e il presidente Medvedev hanno notoriamente patrimoni miliardari depositati nelle banche svizzere, il capo del governo italiano ignora il conflitto d'interessi, e continua a far affari con le televisioni e il mercato immobiliare. Per non parlare di altri sultani e califfi sparsi per il mondo. Nulla di nuovo sotto il sole, ma qualche vistosa correzione rispetto alle rivoluzioni borghesi e alle loro costituzioni democratiche. Prima di quelle rivoluzioni il fatto che un politico, un condottiero avesse pieno diritto di procurarsi una grande ricchezza facendo uso del proprio potere era perfettamente normale. Persino il cristianesimo, la religione degli schiavi e dei poveri, lo aveva in pratica riconosciuto: "Date a Cesare quel che è di Cesare, a Dio quel che è di Dio". Senza la minima esitazione o dubbio Caio Giulio Cesare, sperperatore del patrimonio familiare, andava come luogotenente in Spagna a rifarsi una fortuna più grande nel giro di pochi mesi. E Verre, il depredatore dei siciliani, doveva aver davvero esagerato per meritare le accuse di Cicerone. Notoriamente il miliardario Crasso veniva cercato per la sua ricchezza come socio di Cesare e Pompeo nel triumvirato. Emanuele Filiberto, di ritorno in Piemonte dal servizio militare per Carlo v, rimetteva rapidamente assieme il patrimonio della sua casa, e anche il padre della patria, Vittorio Emanuele II, non era estraneo alle speculazioni fatte sulla costruzione di strade e ferrovie. Persino alcuni compagni di Garibaldi risolsero i loro conflitti d'interesse, come Medici del Vascello, che, passato al servizio della monarchia, venne premiato con la tenuta della Mandria. E allora che motivo d'indignazione ci può essere se un potente come Berlusconi ne approfitta per aumentare la sua ricchezza?

Un motivo ci sarebbe, precisamente quello che si presenta quando la quantità diventa qualità e responsabilità, quando l'acquisto della ricchezza non ha più limiti e giustificazioni, quando viene cancellata dal codice penale, considerata normale, anzi benemerita. Il capo del governo italiano ha mandato una lettera di solidarietà e di auguri a un politico arrestato per malversazione sanitaria. E alcuni dei politici indagati e arrestati si affrettano a ricordare, come compagni di persecuzione, noti politici arrestati e condannati, come Bettino Craxi, e lamentano la "persecuzione giudiziaria che si strinse attorno a lui", e così altre vittime del giustizialismo che si tolsero la vita non resistendo all'ingiustizia.

Berlusconi ha vinto a "mani basse" le elezioni, ed è di fama l'uomo più ricco d'Italia, anche se i Ferrero della Nutella e Leonardo Del Vecchio degli occhiali o i Rocca dell'acciaio in miliardi sono più ricchi di lui, perché lui è il capo del governo, e la politica è il più potente moltiplicatore di ricchezza che si conosca. Dunque, vinte le elezioni, il nostro Silvio, "ma per fortuna che Silvio c'è", come canta un suo ammiratore, ha invitato in una delle sue ville in Sardegna lo "zar" Vladimir Putin, che è uno degli uomini più potenti del mondo, e come i suoi predecessori, Stalin o Andropov, dispone della Gpu, o Nkvd, cioè dei poliziotti con il cappotto lungo fino ai piedi che all'alba bussano alla porta di casa tua, ti danno giusto il tempo di toglierti il pigiama, ti portano via e, se ti va bene, parenti e amici ti rivedranno in fotografia al processo, se no scompari per sempre. Insomma, lo zar Putin viene a trovare Silvio in Sardegna, e cosa gli ha preparato il suo ospite e amico? Una serata con le ballerine e i comici del Bagaglino, un teatrino romano di avanspettacolo, del tipo qualunquista becero, che ogni sera ha come spettatori la crème del generone capitolino. I due fra i più potenti e ricchi del mondo assistono allo spettacolo in una villa sempre protetta a spese dello stato da decine di carabinieri. In antico si faceva anche di meglio: ai tempi di Tiberio dopo il festino i giovani ospiti venivano gettati in mare dai dirupi di Capri. Il vecchio moralista disapprova che Putin, l'erede della Rivoluzione di Ottobre, del terrore staliniano, ma anche dei generali e dei soldati che hanno vinto la Seconda guerra mondiale, un personaggio che partecipa al governo del mondo, non trovi di meglio per distrarsi che volare in Sardegna per ascoltare le canzonette del napoletano Apicella, amico di Silvio, o le battute in romanesco degli attori del Bagaglino. Il teatrino che fu fondato dall'autore della canzone delle Brigate nere: "Le donne non ci vogliono più bene perché portiamo la camicia nera".

Obama e Silvio

Ha destato scandalo a suo tempo il fatto che ai giornalisti americani al seguito di Bush sia stata distribuita una biografia del nostro presidente del Consiglio che testualmente dice: "Egli è uno che domina il mercato televisivo e grazie a esso è salito ai più alti gradi della politica, anche se in politica è un dilettante. Così è diventato ricchissimo e regna nel paese della corruzione e dei corrotti". Il presidente americano Bush ha chiesto scusa al nostro primo ministro, assicurandogli la sua alta stima come amico e come statista, ma tutti sanno che la versione data ai giornalisti è sostanzialmente vera, confermata dallo stesso Berlusconi e dai suoi più stretti collaboratori. Vedi l'amico di sempre Fedele Confalonieri, che al momento della scesa in campo di Silvio disse: "Se non entravamo in politica, l'alternativa era di finire in galera come ladri o come mafiosi". E il fondatore di Publitalia, Marcello Dell'Utri, racconta: "'Che facciamo?' gli chiesi. 'Facciamo un partito.' 'Ma come lo facciamo un partito?' 'Lo fanno tutti,' disse, 'lo facciamo anche noi'". Quanto a dire: la democrazia e i partiti politici pensati allo stesso modo di Publitalia, l'agenzia di pubblicità. Dunque un dilettante, anche se abile e bravo a persuadere i concittadini di essere il nuovo uomo della Provvidenza. Ma è proprio il successo del politico improvvisato, la sua capacità di farsi amare, o invidiare, o temere da milioni di italiani a confermare questa versione: il successo di Silvio, la sua capacità di piacere agli italiani, dipende da molti aspetti, ma soprattutto dal piacere degli italiani di servire i potenti e da quello di "incoraggiare la fortuna" salendo sul carro del vincitore. Tutto ciò rientra nella mentalità di una borghesia che diffida dello stato, e che alla libera concorrenza, troppo rischiosa e faticosa, preferisce la "amicizia" mafiosa, la pianificazione dei privilegi, oltre, s'intende, che dei servizi e delle obbedienze. Fa dunque un certo effetto schizofrenico leggere le cronache delle manifestazioni della sinistra, dove i partecipanti si esortano alla moderazione, condannano gli eccessi polemici, bandiscono gl'insulti come se fossero a un congresso di pacifisti sul lago di Ginevra, e non in una democrazia morente o già morta, con preoccupanti ricorsi di fascismo. Nessuno, a quanto pare, drammatizza. Il mondo è pieno di stati autoritari dove la gente in qualche modo campa, nel Kazakistan c'è un padre padrone che ha incamerato le ricchezze petrolifere del paese, e con una figlia padrona di tutto il sistema alberghiero. E in Bielorussia il capo del governo democratico è l'ex luogotenente di Stalin. Dunque su di animo, cari concittadini: in qualche modo vivremo e andremo in vacanza, anche se per qualcuno torneranno i lager e le polizie segrete. La pubblicità è in crescita. Niente paura.

Avete capito perché il Berlusconi nemico dei giudici, che invita a non pagare le tasse, che fa un uso disinvolto di smentite, che promette ciò che non può mantenere, che nasconde i suoi affari pericolosi, piace tanto agli italiani? Perché la maggioranza degli italiani evidentemente sono come lui inclini alle complicità anarcoidi. Tutti ne conoscono esempi clamorosi. Prendiamo il cambio della moneta della lira con l'euro. Istantaneamente, all'unisono, milioni di commercianti hanno capito che i loro clienti non avevano capito il valore del cambio, che continuavano a ragionare in lire invece che in euro, e per anni li hanno tranquillamente obbligati a pagare più del dovuto. La ragione per cui il populista demagogo Berlusconi piace agli italiani è la stessa per cui, ai loro occhi, il conflitto d'interessi non è una ferita grave della nostra democrazia. Il fatto che egli sia stato al contempo capo del governo e padrone dell'informazione sembra qualcosa di naturale, di normale, qualcosa che tutti vorrebbero praticare. Solo nei giorni della sopravvivenza, nei giorni di difficoltà estreme, dei nazisti in casa, gli italiani riscoprono la necessità di una morale comune, ma nei periodi di abbondanza e di pace, l'anarchia generale riprende il sopravvento, il rubo-io-perché-rubi-tu, la complicità delinquenziale ritorna una regola del saper vivere. Nessuno può sottrarsi a questa complicità, il mercato alimentare è un esempio lampante. I fabbricanti di pesto sostituiscono il basilico, che annerisce, con erbacce che conservano il verde, in cui spargono un profumo sintetico di basilico, lo zafferano lo fanno con la chimica aggiungendoci polvere di marmo. I falsi del mercato alimentare si ripetono in ogni genere di commercio, e arrivano fino a rischi omicidi. Adesso si è diffusa la paura dell'amianto, che è materiale cancerogeno, ma per anni i produttori lo hanno venduto, pur conoscendo i suoi rischi. I distributori di benzina falsificano gli apparecchi delle pompe, ti cambiano le spazzole dei tergicristalli anche se funzionano ancora. Ma come puoi opporti? Fai una scenata in un negozio? Ti metti a litigare col meccanico? La civiltà dei consumi è di fatto una civiltà di reciproci latrocini, è una società di tecniche avanzate che impone il furto generale. Gli aggeggi di cui sono ripiene le nostre case sono affidati agli omini della manutenzione, che possono usarli a loro piacimento. È così straordinario che in un mondo che moltiplica i furti al pari dei consumi un personaggio come il Cavaliere di Arcore goda della popolarità e della complicità di milioni di cittadini? Se il libero voto premiasse il buongoverno, Silvio Berlusconi sarebbe sconfitto. Ma lui conosce il popolo sovrano e le sue debolezze. Nella sua fulminante ascesa Silvio ha eccelso in tutto ciò che il buongoverno teme o condanna, a cominciare dal carrierismo più sfrenato e dalla concorrenza senza freni. Nella sua esperienza d'imprenditore ha perseguito con successo tutto ciò che ha danneggiato la modernità capitalistica fino all'attuale crisi: un aziendalismo implacabile pronto a servire la politica più avventurista pur di ricavare vantaggi, l'uso mistificatorio della pubblicità volto a moltiplicare i consumi inutili e magari dannosi, la diffusione di una cultura di massa basata sui gusti peggiori delle masse, un uso continuo dello spettacolo e del sesso nello spettacolo per addormentare le coscienze e aprire la strada all'autoritarismo morbido, alla sera tutti davanti alla tv a guardare le belle gnocche con la bottiglietta di birra a portata di mano. Non che Silvio abbia inventato questo tipo di modernità, diciamo la società attuale o prossima ventura dei poveri sempre più poveri di conoscenze e di potere e dei ricchi sempre più ricchi di denaro e di privilegi, non diamogli colpe o responsabilità che sono un portato dei tempi, della storia; ma insomma lui non si è tirato indietro, il suo contributo allo sfascio lo ha dato. E allora perché la sua popolarità cresce, perché lo si vede già capo dello stato, perché il berlusconismo è o sembra trionfante? Il sociologo francese Pierre Musso ha scritto un saggio intitolato *Sarkoberlusconismo*, in cui spiega il successo dei due come il prodotto estremo della telesocietà, della tv e di internet. I due hanno capito fra i primi che bisognava potenziare in politica i fondamenti brutali della *struggle for life* darwiniana: i più forti e spregiudicati vincono, i perdenti vengono accomunati nel disprezzo, sono tutti comunisti, tutti sessantottini. La vittoria dei primi è nell'ordine naturale delle cose come lo è la sconfitta dei secondi, gli oppositori sono contro natura. "Questi sabotatori sono normali, secondo voi?" domandano i capi vincenti ai loro seguaci. "No" rispondono a comando. Il mondo della politica per il buongoverno, della dialettica cede il campo a quello delle antitesi radicali, dei salvatori e dei demoni, dei ricchi e dei poveri. Come uscirne? Silvio ha dato una risposta, perfetta perché irreale, da sogno: "Sposatevi un miliardario".

Con Silvio gli adulatori non hanno più ritegni. La direttrice di "Donna", durante un dibattito televisivo dice: "Lui è bellissimo", e sopporta con fierezza la risata generale. Quanto alla velina Elisa Alloro, ha scritto un instant book in cui rivela "l'ebbrezza siderale che si prova stando vicini al capo". L'umanità che pensavamo, speravamo di esserci lasciata alle spalle dopo il massacro dell'ultima guerra mondiale. E invece eccoli lì come usciti da una vecchia fotografia del "secolo breve", felici e trionfanti attorno al nuovo ducetto: come un mazzo di fiori, con le camicette bianche sull'impetuoso seno, le donne della destra al potere, le gallinelle del padrone, a memoria di privilegi maschili antichi. Poi, come in una foto scolastica, tutti i nuovi gerarchi e gerarchetti, la faccina protesa verso il capo. E ancora, grazie alla televisione che tutto vede, i giovani estasiati, uomini e donne, finalmente anche per loro nati e cresciuti nella grigia democrazia un capo, un superuomo, un duce. Ecco la ragione per cui questi sono a nostro parere i giorni peggiori della nostra vita, quelli per cui possiamo mestamente pensare di averla vissuta invano. Questo ineluttabile slittamento verso il passato, questa terribile delusione: il tempo passa, i troni e le dominazioni cadono, i ladri e i malvagi muoiono come tutti, ma la retorica e la mediocrità piccolo-borghese restano e rinascono.

Il ritorno dilagante delle retoriche, delle menzogne sta oscurando il cielo. Più di tutte insopportabile e affliggente la retorica del "popolo della libertà", un nome impudicamente rivendicato dalla nuova razza padrona. Diciamo impudicamente perché se c'è un paese al mondo dove la libertà è un bene raro e misterioso, un regalo talmente prezioso che a volte facendone uso ci sembra di sfiorare l'eresia, è il nostro. Sentimmo il desiderio di libertà negli anni della dittatura morente e poi ne parlammo molto, concitatamente, nei giorni della guerra di liberazione. Noi liberalsocialisti eravamo per la libertà totale, pura e ingenua, i vecchi combattenti comunisti ci mettevano in guardia: libertà, sì, ma che sia anche libertà dal bisogno. E i Costituenti non poterono ignorarlo (ecco ciò che il Cavaliere definisce influenze bolsceviche), fondarono la repubblica sulla libertà e anche sul lavoro. Poi per oltre mezzo secolo abbiamo cercato di capire, di sopravvivere, di avanzare nella giungla degli appetiti umani dominanti, nella lotta continua, quotidiana per affrontare il disonesto e il corruttore, e, *in primis*, di riconoscerlo dietro le menzogne e le propagande. Di nuovo, ancora convinti dalle esperienze quotidiane che la libertà è una distinzione umana ma non gratuita, non regalata ma conquistata e conservata con quotidiana fatica, con quotidiano impegno personale, al di fuori delle belle parole che applicate a una realtà indecente, indecenti appaiono. C'è da chiedersi come "l'animale politico" Mussolini, uomo non sprovvisto d'intelligenza, abbia potuto pensare di cambiare gli italiani con il profluvio di retorica nazionalista, ma evidentemente questo tipo di errore è inevitabile, se oggi l'abile affarista che ci ritroviamo a capo del governo crede di sostituire la patria e l'impero con la libertà, anzi, le libertà, perché lui è abituato a far le cose in grande, e a presentarle come in un supermercato.

Il populista

Se ai suoi tempi ci fossero stati i sondaggi di opinione lo spartano Licurgo, legislatore ottimo, avrebbe prescritto di evitarli come la peste, perché il buon governante deve sapere che i sudditi preferiscono i comodi propri al bene dello stato, i propri vantaggi a quelli della collettività. Ma cosa fa il signore che governa l'Italia? Finge di governare con i sondaggi d'opinione. Seguite l'informazione al suo servizio, e l'altra che finge di non esserlo ma lo è. Sistematicamente i cittadini, il cosiddetto popolo sovrano, approvano ciò che lui suggerisce, e più si tratta di proposte demagogiche, illusorie e magari forcaiole, e più le sottoscrivono con tendenza all'unanimità. Volete fare dei soldati dei poliziotti? Rispondono sì al novanta per cento. Volete armare le guardie municipali? Non è noto che i governi che promettono sicurezza finiscono quasi sempre in dittatura? Dura o morbida non lo sappiamo. C'è una ragione per cui Bettino Craxi è stato il protettore di Berlusconi? Perché la pensava allo stesso modo: prima il potere, poi il buongoverno. Fra i socialisti craxiani c'era anche un mio giovane amico. Gli chiesi: "Ma Craxi non si accorge che i quadri del suo partito rubano?". "Glielo ho chiesto e lui mi ha detto: adesso voglio arrivare al governo, e al governo si arriva con la maggioranza dei voti, e alla maggioranza si arriva con i soldi. Quando sarò stabilmente al governo penserò anche a sistemare i ladri." Il modo di governare caro a Silvio ha un nome antico: populismo. Consiste nel promettere a tutti l'uovo subito e riservare a sé e ai propri fidi la gallina domani. Per imporlo i populisti ricorrono di solito all'attivismo, all'uomo della Provvidenza che moltiplica i pani e i pesci. Governare la modernità e la globalità è difficile, spesso impossibile. Ma il solo modo di affrontarli con ragionevole speranza di attuarli è quello opposto al populismo, al governo dei sondaggi, all'apparire prima dell'essere.

A imitazione di Berlusconi, e del suo irresistibile senso del ridicolo, quasi tutti i politici che appaiono in televisione infilano nei loro discorsi sconclusionati la parola "gente", che pronunciano con accenti di religiosa ammirazione, come se esprimesse il meglio del meglio della condizione umana, come se fosse la quintessenza delle umane virtù, generosa, paziente, fedele, attenta solo al bene pubblico. Dicono "la gente", e modulano la "e" in modo che ne esca un suono finto-signorile, finto-snob, un suono falso e cortese. Altre volte si era fatto uso di parole equivalenti, con cui si volevano condensare, per inganno e per iperbole, tutte le umane virtù politiche, civiche e messianiche in una categoria sociale. Vedi le parole "proletario" o "popolo", che, come osservava il perfido Céline, volevano nascondere quelle di "poveraccio" o di "borghese decaduto". Ma a sentirle ripetere oggi dai borghesi anarcoidi che ci ritroviamo è difficile trattenere il disgusto. La gente! L'orrenda parola ripetuta dal demagogo di turno, oggi dal Cavaliere che sostituisce i capelli perduti con il lucido nero da scarpe, il lucido Brill della pubblicità Novecento. Stretto tra i suoi giganteschi guardaspalle, in mezzo a una ressa di finti seguaci, di ammiratori assoldati, che inopinatamente si radunano in una giornata di pioggia e di vento in una piazza cittadina attorno ai tavoli per le firme per improvvisare false folle televisive. La mitica "gente" sarebbe questa penosa accozzaglia di galoppini elettorali, di curiosi sfaccendati e affamati che aspettano i resti del banchetto padronale. E il demagogo di turno si agita, si sposta per mostrare la sua faccia tra quelle lugubri e inespressive dei gorilla che lo proteggono. Quando il demagogo si allontana sulla sua auto blindata restano, su una piazza cittadina, la "gente", i poveracci contenti di aver partecipato allo storico incontro, loro, volgo senza nome, con l'Uomo della Provvidenza. Il nazista Goebbels – *repetita iuvant* – era solito dire: "Appena sento pronunciare la parola cultura metto mano alla rivoltella"; una voglia analoga viene a tutti noi quando i nostri demagoghi flautano la parola "gente". La "gente", questa parola magica, che richiama la latina *gens* intesa come famiglia allargata di parenti poveri e di clienti. Ecco perché piace tanto: è il richiamo a un gregge fedele di consanguinei e di mantenuti che applaude senza discutere, e segue il capo dove il capo desidera. L'arte del demagogo sta nella riscoperta di queste parole che trasformano i servi in cittadini esemplari.

La libera concorrenza è la salvezza dell'economia, ma i padroni del vapore ogni giorno esortano a "fare squadra". Che cosa significa? Credo ottenere aiuti e sussidi dal vituperato stato. Se la libera concorrenza ci fosse stata veramente nell'Italia del regno e del fascismo, nessuna delle grandi industrie che ci ritroviamo sarebbe nata e cresciuta: solo il vituperato protezionismo ha permesso alla Fiat, alla Edison, alle acciaierie, eccetera di nascere e di crescere. Le grandi industrie tessili, del cuoio, dell'auto, dell'energia si sono fatte le ossa con le forniture militari, i giganti della finanza e del petrolio di stato, l'Iri, l'Eni, l'Enel, sono stati i pilastri portanti della nostra rivoluzione industriale. Ha ragione, a suo modo, Silvio Berlusconi quando consiglia alle giovani precarie di sposare un miliardario. Del resto il Cavaliere, fra i massimi sostenitori del liberismo, aveva capito anni fa che o entrava in politica e diventava padrone dello stato, o rischiava il fallimento. Tutti i sostenitori della libera concorrenza usano lo stato, magari per farsi pagare un giornale aziendale o familiare. L'odiata dittatura fascista del Mussolini che ostentava disprezzo per i padroni "pescicani", e aveva nostalgie socialiste, favorì le aziende private, e con l'Iri creò il loro "convalescenziario". Fra le sue varie boutade Berlusconi ha accusato il segretario del Partito democratico Veltroni di "non aver mai lavorato". L'idea che il Cavaliere ha del lavoro è singolare: uno come Veltroni, che per anni ha duramente lavorato nell'amministrazione civica, nella direzione di un giornale e nella politica, è un fannullone. Grande lavoratore è chi si è impegnato a fare miliardi, e a usare lo stato per diventare il padrone di metà informazione e del sistema pubblicitario. I sociologi dicono che è finita la società delle classi, che proletariato, media e alta borghesia, aristocrazia, sono cose del passato. Che cosa c'è al loro posto? Una grande minoranza di ricchi sempre più ricchi, padroni dei capitali e delle conoscenze, e una maggioranza sempre più povera e succube, la "poltiglia" di cui parla De Rita. La retorica della libera concorrenza è sempre meno credibile. Non a caso oggi la politica non è più un fine, il fine del buongoverno, ma un mezzo per utilizzare lo stato per interessi privati. La scomparsa delle vecchie classi ha comportato anche la scomparsa delle vecchie regole, che favorivano i potenti, ma che comunque stabilivano un ordine, una gerarchia. Con l'economia globale siamo all'anarchia e alla rapina generali. Ha davvero ragione il Cavaliere: meglio sposare un miliardario.

Romano Prodi aveva il vezzo o il vizio di governare senza clamori, come dovere del suo incarico, come compito della sua pubblica funzione. Così il procuratore di Torino Caselli, che intervistato sui rischi mortali corsi nella lotta alla mafia ha risposto: "Pensavo che fossero normali per un magistrato". Poi c'è l'altro modo di governare, di usare il governo a fini di potere personale, quello che piaceva al Duce del fascismo e a tutti gli autoritari, le opere del regime, cioè di loro stessi. Le opere del regime venivano celebrate in tutti i cinematografi d'Italia con i cinegiornali dell'istituto Luce. Prima di ogni proiezione, cioè almeno tre volte per giorno. Inaugurazioni di strade, di ponti, di bonifiche che gli spettatori seguivano annoiati, rumoreggiando, mangiando arachidi, *vulgo* – in Piemonte – noccioline giapponesi. E Mussolini in questa propaganda resta un maestro insuperato dai suoi odierni imitatori. Il capolavoro fu la bonifica pontina. Il cinegiornale si apriva con una panoramica della grande palude, deserta e coperta da acque putride fino all'orizzonte, in un silenzio di morte; e improvvisamente, come sbucando dal nulla, apparivano in primo piano centinaia di trattori con pale metalliche rotanti: l'esercito della purificazione e della rinascita, con i bonificatori a torso nudo e sullo sfondo la testa del bonificatore massimo arrivato da Forlì. Che al confronto le bonifiche napoletane di Silvio sembrano dei compitini da scuola elementare, e chi ha lavorato per lui a Canale 5 riconosce la sua mano, di quando compilava i promemoria organizzativi: ore 12 ristoro, ore 13 trucco, ore 13.30 prova sul palco eccetera. Per Napoli la stessa programmazione meticolosa e ingenua, ma sempre buona per le masse: riprese in bianco e nero di Napoli prima del provvidenziale intervento, con le strade coperte d'immondizia da alternare a quelle colorate di Napoli ripulita. E sarà anche vero, come ha osservato Eugenio Scalfari, che questa propaganda impudica in politica rende più che l'understatement prodiano, ma resta un metodo imbonitore, diseducativo, anche se al suo autore sembra il migliore possibile. La forza di Silvio è di credere appassionatamente nei suoi vizi e trucchi. Si sveglia nella sua villa sardanapalesca in Sardegna e non gli basta il compiacimento per la sua personale fortuna, vuole la fortuna di tutti, va in riva al mare, lo vede pieno di barche miliardarie, e non solo gioisce a quello spettacolo di Paperoni festanti, ma pensa anche che sia la normalità di un'Italia ricca e felice che non c'è.

Silvio e gli italiani

Ci si chiede: è Berlusconi che con la sua volgarità, il suo populismo, il suo conflitto d'interessi è la mela marcia che corrompe gli italiani, o sono gli italiani che apprezzano il suo modo di essere, le sue idee, la sua capacità di mentire, la sua prontezza nel contraddirsi quando gli comoda? Pare certo che gli italiani dei tempi normali, dei giorni di pace, gli italiani che non hanno Annibale *ante portas* siano i più adatti al mondo a un autoritarismo morbido, come lo fu il fascismo di Mussolini, al confronto del nazismo. La prova ce la fornisce quotidianamente la televisione di Murdoch Sky, con i suoi sondaggi di opinione istantanei dei telespettatori: una linea rossa per i contrari a una scelta di governo, una verde per i favorevoli. La linea verde regolarmente vincente approva a volte con maggioranze bulgare tutte le proposte o decisioni reazionarie, anche quelle che violano la democrazia e gli appelli delle Nazioni Unite per la distensione e la pace. Berlusconi dice che gli immigrati dei barconi, quelli che rischiano la vita per arrivare da noi, sono "scientificamente scelti dalla criminalità", non solo sfruttati dai criminali ma quasi loro complici? Il settanta per cento degli italiani intervistati approva. La Lega propone le ronde per la sicurezza, quanto a dire una polizia certamente infiltrabile dalle mafie, certamente a discapito della polizia pubblica? L'ottanta per cento dice subito di sì. Neanche per sbaglio una proposta, un progetto che guardino al bene futuro, alla convivenza civile, all'etica ha la meglio sul tornaconto subito, sui privilegi dell'italiano massa. E i partiti politici, i professionisti del consenso lo sanno così bene che alla vigilia di una consultazione elettorale o sostengono apertamente gli appetiti e gli egoismi degli italiani massa, o adottano le opportune correzioni di rotta, cercano di apparire moderati tra i moderati, e chi insiste a presentarsi come sinistra viene accusato d'infantilismo politico e di fare il gioco del nemico. Così assistiamo alla fatica di Sisifo del Partito democratico e del suo segretario che ogni volta che si oppone all'autoritarismo berlusconiano viene accusato di non occuparsi dei problemi concreti del paese, come se di questi non si trattasse, per non parlare di Di Pietro che per il fatto stesso di fare il suo mestiere di oppositore viene tacciato, anche a sinistra, di essere uno che porta acqua al mulino del sultano.

Italiani brava gente!, si dice, caritatevoli, generosi con i poveri e i perseguitati, ospitali. Ma su una piazza veneta l'ex sindaco di Treviso Giancarlo Gentilini grida: "Popolo della Lega, voglio la rivoluzione contro i campi nomadi e degli zingari. Io ne ho distrutti due a Treviso e adesso non ce ne sono più. Voglio eliminare i bambini che rubano agli anziani. Prenderò dei turaccioli per ficcarli in bocca e su per il culo di certi giornalisti. Voglio la rivoluzione contro quelli che vogliono aprire le moschee e i centri islamici, comprese le gerarchie cattoliche che dicono lasciamoli pregare, ma vadano a pregare nei deserti. Voglio la rivoluzione contro la magistratura, ad applicare le leggi devono essere dei giudici veneti. Voglio la rivoluzione contro chi vuol dare le pensioni agli anziani familiari delle badanti. Voglio la rivoluzione contro i phone center i cui avventori si mettono a mangiare in piena notte e a pisciare sui muri. Che vadano a pisciare nelle loro moschee". Italiani brava gente! Ma hanno eletto Gentilini a sindaco di Treviso.

Fra i seguaci di Berlusconi, che amano la volgarità e diffidano delle minoranze colte, è venuta di moda la demonizzazione dello snobismo, per dire elitario, dei "pochi e privilegiati". Se si dà retta ai vocabolari, "snob" è "chi ammira, ostenta, imita raffinatezze aristocratiche per apparire alla moda, originale", definizione quanto mai impropria per quanti chiedono al capo del governo di evitare gli aspetti peggiori del populismo, riassunti durante un dibattito televisivo dalla radicale Emma Bonino: non fare le corna a una riunione di capi di governo, non ostentare il proprio "gallismo", non correggere la propria statura con i tacchi alti e la propria calvizie con i capelli finti. Insomma: non scambiare i tuoi difetti per le tue virtù, e i tuoi "qui lo dico e qui lo nego" per abilità politica. In politica l'uso della menzogna "per carità di patria" può essere necessario, ma non una rete che ti fabbrichi con le tue mani, soffocante, sempre più fitta. Dicono i suoi difensori d'ufficio, per non dire i suoi lacchè, che le critiche che gli piovono addosso per la festa di compleanno di una diciottenne napoletana sono "falso moralismo", che l'opposizione non rispetta il suo "privato" a cui ogni cittadino ha diritto. Ma il cittadino di una repubblica democratica ha anche e soprattutto il diritto che il capo del governo usi il linguaggio della verità, e non quello del "qui lo dico e qui lo nego". Sta di fatto che anche i cittadini che conoscono il suo mondo e i suoi scandali, anche quelli che conoscono Berlusconi e la sua storia professionale e umana, si sentono presi in giro, umiliati e alla fine fortemente indignati, non dai suoi presunti o veri amorazzi, quanto dal fatto che dalle sue proteste e dichiarazioni e giuramenti non si è capito letteralmente niente: perché un impiegato sconosciuto del comune di Napoli sia amico intimo del capo del governo, al punto di raccomandargli gli aspiranti deputati e di averlo ospite a una festa a cui sono invitati decine di sconosciuti che si stringono festanti attorno al primo ministro. E che questo sconosciuto fosse presente a tutti gli incontri fra la figlia e il premier è un'altra storia, che a volerla spiegare con le bugie si finisce dentro un labirinto soffocante e umiliante. Snobismo o richiesta di un minimo rispetto per i sudditi?

Moriremo berlusconiani? Il brutto pensiero, l'incubo si fa sempre più pesante, il nuovo *homme fatal* è sempre più potente, fa e disfa i partiti a suo piacere. Il fatto che milioni d'italiani lo amino e lo seguano fa pensare che avesse ragione il banchiere Cuccia quando diceva: "La maggioranza degli italiani è rimasta intimamente legata al modello fascista". Gli italiani amano Berlusconi anche nei suoi difetti scoperti. Non è un francescano che dona, ma che continua a prendere. La democrazia e le sue lungaggini lo infastidiscono. Anche oggi se la prende con i parrucconi della politica "che parlano e non fanno, che non hanno mai lavorato", e intende dire che non hanno mai partecipato alla gara speculativa, agli imbrogli e alle scorrettezze. Non è abituato a rispettare le regole, ma al contrario a violarle. Per questo ha stipendiato decine di avvocati celebri, li ha arricchiti, ma da essi è stato arricchito. Non ha modelli culturali da rispettare. Gli intellettuali sono al suo servizio, è il padrone della Mondadori e della Einaudi, in pratica dell'editoria. Perché uno così dovrebbe fermarsi nella ricerca del potere assoluto, della impunità assoluta? La sua idea della democrazia è inesistente, la sua idea dei partiti da padrone. Il re di denari sono io, oggi sciolgo un mio vecchio partito, domani ne fondo un altro, le regole e le gerarchie le decido io. Il signore delle televisioni e dei giornali che effetto ha avuto sull'informazione? Che cosa ha introdotto di nuovo? Ha scritturato i giornalisti peggiori, gli avventuristi più spregiudicati, non ha esitato a diffamare i suoi avversari politici, vedi gli attacchi personali a Gianfranco Fini, naturalmente smentiti: "Io far parlare i giornali delle amanti di Fini? Figuriamoci, io sono la persona più corretta del mondo". Resta da chiedersi se l'inclinazione di Berlusconi e del suo popolo per una dittatura morbida di tipo televisivo lascerà il campo a quella per una dittatura forte. Si dice che una garanzia sia rappresentata dal fatto che abbia sempre ricercato l'alleanza di altri partiti "democratici", ma la tenuta di questi partiti è storicamente illusoria: erano alleati del fascismo nascente anche i liberali e i cattolici, e quando Mussolini andò al potere erano convinti che il suo fosse un governo transitorio. Per arrivare al partito totalitario anche allora ci vollero degli anni, dal 1922 al 1925, per arrivare alle leggi eccezionali. Si ripete con Berlusconi la contraddizione fondamentale del fascismo e del favore di cui godette presso gli italiani: di un movimento sovversivo che si muta con la presa del potere in ricostruttore e potenziatore del vecchio stato. La veemenza con cui Berlusconi si è scagliato contro uno dei capisaldi del vecchio stato, la giustizia, è tipica di una borghesia che vuole distruggere lo stato liberale per costruirne uno a suo completo servizio. I berlusconiani di ferro hanno esultato per la sua decisione di sciogliere Forza Italia e di creare un nuovo partito, hanno detto che ha dimostrato una genialità da Lenin. Non pare che la svolta berlusconiana sia proprio paragonabile a "i dieci giorni che sconvolsero il mondo". Se vogliono dire che Berlusconi possiede la suprema disinvoltura dei grandi politici possiamo concederlo, ma non è di essa che un paese come l'Italia sente il bisogno. Il bisogno vero di questo paese è di imparare finalmente a essere democratico, a rispettare le regole del gioco democratico.

Nel suo ultimo libro Fausto Bertinotti racconta di un suo incontro con un comunista cinese che gli chiede: "Perché Berlusconi prende tanti voti e voi che siete così intelligenti ne prendete pochissimi?". Ecco una domanda a cui non sappiamo rispondere.

Il persuasore

Il 20 maggio 2009 arriva dall'Inghilterra la notizia che l'avvocato David Mills è stato condannato a seicentomila dollari di multa per aver coperto la responsabilità di Berlusconi in vari processi. Massimo D'Alema commenta: "Ora si capisce il perché del lodo Alfano", il lodo che esenta le quattro più alte autorità dello stato, finché sono in carica, dall'essere processate. Scrive Alexander Stille su "Repubblica": "L'Italia scopre che ci sono prove forti che l'attuale primo ministro – che si vanta sempre di avere la fedina penale pulita – sia invischiato in vicende giudiziarie proprio brutte, che abbia dato secondo la sentenza una lauta tangente a un testimone per averlo tenuto fuori da altri procedimenti [...]. Berlusconi dice che aspetta serenamente il giudizio in appello. Alcuni politici dell'opposizione gli chiedono di fare a meno dell'immunità. Ma perché quelli del centrosinistra non chiedono di cambiare l'assurda legge sulla prescrizione? E perché non lo hanno fatto neanche quando erano al governo e avevano i voti per farlo? In tutti i paesi che conosco i tempi della prescrizione si fermano al momento della prima azione giudiziaria".

Ricordiamo alcune violazioni delle leggi addebitate a Berlusconi e al suo gruppo: la Guardia di Finanza corrotta da tangenti pagate da manager della Fininvest; il segretario Psi Bettino Craxi finanziato illegalmente per dieci miliardi di lire tramite la società offshore All Iberian; il silenzio sui rapporti tra i figli Marina e Piersilvio con la società offshore Universal One; le menzogne dell'avvocato David Mills per "distanziare Silvio Berlusconi dalla società offshore al fine di eludere il fisco". E Furio Colombo aggiunge: "Silvio Berlusconi è un corruttore. Ha corrotto un teste per evitare una condanna. Non è un'ipotesi, è una sentenza. Non è definitiva, ma questo è un fatto della procedura giudiziaria, che prima di colpire un individuo gli dà la garanzia dell'appello. Tutto ciò vale per il ladro di biciclette e per l'uxoricida, ma non per il capo di un governo che rappresenta un paese?". È impossibile non notare che questi eventi poco onorevoli rappresentano un danno all'immagine dell'Italia nel mondo. Il danno recato all'Italia da Berlusconi è grande, la sua è un'Italia brutta, sporca e cattiva. Sembra chiaro che l'antica formula "Non attaccatelo: diventa più forte, basta con l'antiberlusconismo", è una formula ridicola, mentre tutto il mondo si è accorto della farsa e della tragedia rappresentate da Silvio Berlusconi.

C'è chi pensa che la corruzione, come la menzogna, sia un lubrificante necessario al funzionamento dei rapporti umani, senza la quale si bloccherebbero. Come si spiegava nel *Monello* di Chaplin, dove il vetraio prima manda the Kid a rompere i vetri con la fionda, e poi arriva lui con i ricambi: Silvio prima distrugge l'immagine dei giudici, li paragona ad assassini e ricattatori, taglia i controlli a chi non paga le tasse, cancella il falso in bilancio, attacca la Banca d'Italia, e poi, come il vetraio, passa promettendo severità e repressione. Il mito della "mano invisibile" del mercato che dirige l'economia toccò il suo massimo di cecità quando Margaret Thatcher dettò il suo famoso acronimo TINA, *there is no alternative*. Adesso, dopo la seconda crisi mondiale tutte le aziende in fallimento invocano gli aiuti dei governi. Un secondo mito, marxiano questo, fu che la politica non è altro che una sovrastruttura dell'economia, subito smentito proprio nel paese del comunismo, dove la politica staliniana progettava ed eseguiva, con la ferocia di cui ancor si piange, i piani quinquennali. Da noi il mito dell'economia sovrana è stato smentito proprio da Silvio Berlusconi, il più ossessivo sostenitore del fare e del produrre: apertasi la questione dell'accordo tra Opel e Fiat, cioè la partita economica in cui era in palio il futuro della principale azienda italiana, la Fiat appunto, è stato a guardare, non ha minimamente messo in discussione il suo interesse politico, l'amicizia personale con Putin socio di Magna a pro dell'interesse nazionale. Naturalmente ha risolto la delicata contraddizione dicendo che il suo governo si era attenuto a una doverosa discrezione. Le due luminose carriere di Silvio, l'economica e la politica, seguono anche loro l'acronimo thatcheriano TINA, nel senso che non c'è alternativa all'interesse personale del signore di Arcore. La sua arte nel mettere d'accordo il suo personale interesse con il consenso popolare, io, suo biografo, lo legherei al tema delle crociere. La prima volta che lo sentii parlare, anzi inneggiare alle crociere, fu una sera nella sua villa di Arcore: lo chiamarono al telefono, parlava un suo parente dalla nave da crociera su cui aveva imbarcato i dipendenti della Standa, catena di supermagazzini appena acquistata. Silvio si lanciò in un elogio politico-igienico-sociale delle crociere e dei croceristi dicendogli: "Vi siete abbronzati, siete felici e belli, la prossima volta ci sarò anche io, ho già pronto lo smoking. Divertitevi e al ritorno troverete in premio una settimana pagata". Come non essere ammirati del geniale modo di mettere assieme l'utile al dilettevole? Di affittare a un buon prezzo una nave da crociera nella stagione morta, come pare voglia fare ora che la crisi ha svuotato di clienti le navi da crociera, e lui pensa a mandarci i terremotati abruzzesi, soprattutto i bambini, figuriamoci il divertimento a ritrovarsi assieme in quel convitto di naviganti. Dicono di lui: "Silvio ha una marcia in più". Definizione perfetta e anche un po' terrorizzante, se con quella marcia in più provvede a tutto, dai vasi di fiori alle statue romane dei G8, ai magistrati comunisti che vanno messi a tacere.

Storie mirabolanti del paese delle fiction. Se il capo del governo deve parlare al paese, informarlo sui fatti e scandali della sua politica e della sua vita pubblica e privata che fa? Va in Parlamento e si rivolge ai rappresentanti del popolo italiano, si presenta a una solenne, pubblica conferenza stampa, si rivolge ai grandi quotidiani o alle televisioni? No, convoca un suo dipendente, il direttore del settimanale "Chi", un giornale di gossip del tipo "Sorrisi e canzoni", e sul suo *house organ* molto diffuso fra la prima alfabetizzazione si racconta come in una fiction: non il Barbablù che dicono i suoi nemici, ma un buon padre di famiglia amatissimo da figli e nipoti in attesa di cospicua eredità, che sperano distribuita in un modo equo, come ha precisato una delle figlie. E che succede nel paese delle fiction? Che la detta pubblicazione viene considerata una gaffe di un nababbo convinto che tutto gli sia permesso dalla ricchezza, una gaffe miliardaria da ignorare? No, tutti i giornali e le televisioni italici riprendono ampiamente questo ultimo esempio di giornalismo "verissimo", quanto a dire inventato o manipolato, perché nell'era del capitalismo globale tutto ciò che fa soldi va adottato e imitato.

Ma il verissimo della saga familiare berlusconiana non è una eccezione, un capriccio sultanesco, ma la norma, tutto in economia e in politica nel regno di Silvio diventa fiction, una favola, uno spettacolo, una promozione, una propaganda, una scommessa in cui molti vivono beati e altrettanti attendono il momento del risveglio non si sa se comico o drammatico.

Quasi quasi gli italiani a questo verissimo si sono abituati, a queste favole utili al sultano. Ecco un breve elenco di come le intenzioni di Silvio si mutano in verità indiscutibili: il nostro premier usa con disinvoltura suprema le sue relazioni con i grandi della politica internazionale. L'amicizia (ma che genere di amicizia è mai possibile fra capi di governo?) con Putin lo autorizza a dire che la guerra fra Russia e Georgia è finita grazie ai suoi buoni uffici, figuriamoci, trattandosi di stati pronti a sterminarsi a vicenda. Si mette la prima pietra del gasdotto fra la Russia e la Turchia e l'Europa, risultato di lunghe e difficili trattative fra Mosca e Ankara? Salta subito su il misirizzi italiano che si fa invitare all'inaugurazione per dire che il merito è suo. L'America di Obama esce dalla guerra fredda di Bush e va con il suo presidente al Cremlino? Come tacere che è stato Silvio il buon consigliere? In politica interna la fiction regna sovrana fino ai più inverosimili futuribili. Adesso il signore di Arcore ha solennemente promesso che prima di morire sconfiggerà la mafia, proposito ardito e generoso, ma strabiliante dato che sotto il suo governo le mafie si sono estese all'intero paese, hanno le principali basi di operazione nel Milanese o nel dolce Veneto e che una notevole fetta della classe politica in Sicilia, in Calabria, in Campania e su su fino al Piemonte o alla Lombardia è infiltrata da mafiosi. Attento Silvio! Forse qualcuno di noi ci crede ai tuoi miracolosi interventi fra le grandi potenze e i loro reggitori, ma debellare la mafia! Mettere fine a un compromesso fra criminalità organizzata e politica che ha prodotto compromessi altrove inconcepibili: come il presidente della Corte di Cassazione che al principio del secolo scorso riceveva in casa sua con tutti gli onori Don Calò, il capo della Onorata Società, indicandolo in una pubblicazione giuridica alla pubblica riconoscenza.

Papi

Il 3 maggio del 2009 su "Repubblica" esce un articolo di Dario Cresto-Dina intitolato "Veronica, addio a Berlusconi. Ho deciso, chiedo il divorzio. Non posso stare con un uomo che frequenta minorenni".

Scrive Cresto-Dina:

"'Chiudo il sipario sulla mia vita coniugale.' Dopo quasi trent'anni, i due si conobbero nel 1980 e si sposarono con rito civile il 15 dicembre 1990, ora le strade del presidente del Consiglio e di sua moglie, già spezzate sul piano sentimentale e personale, si dividono anche giuridicamente. Veronica Lario ha avviato le pratiche per la separazione e il divorzio, portando a termine un percorso cominciato molto tempo fa come ammise lei stessa alla fine dell'estate 2008, quando confessò che all'eventualità di una separazione stava meditando da dieci anni. Ora ha scelto l'avvocato che la seguirà passo dopo passo davanti ai giudici: 'Finalmente una persona di cui mi posso fidare fino in fondo'. È una donna. Una professionista lontana dallo *star system* e dalla politica. L'ha sentita al telefono il primo maggio, l'avvocato era in vacanza su un'isola del Sud Italia. È stato in pratica il loro primo vertice sulla separazione. Veronica le ha spiegato: 'Voglio tirare giù il sipario, ma voglio fare una cosa da persona comune e perbene, senza clamore. Vorrei evitare lo scontro'. Il legale le ha risposto: 'Stia tranquilla. Parto subito, prendo un aliscafo e rientro immediatamente a Milano. Lei è consapevole che non sarà facile e che dovrà sopportare attacchi pesanti? È sicura di volerlo fare?'. Nella risposta non ci sono state esitazioni: 'So tutto. Voglio andare avanti'. Ieri le due donne si sono incontrate a Macherio per studiare la strategia e si rivedranno molto presto, all'inizio della settimana. Vogliono stringere i tempi, evitare il contropiede di un uomo sempre molto abile a ribaltare le situazioni, capace di convocare una conferenza stampa per dire che il divorzio lo ha deciso lui per primo, e non la 'signora'. [...] L'inizio della fine arriva la mattina di martedì 28 aprile. Veronica guarda i giornali, la sua attenzione si sofferma sull'articolo di 'Repubblica' che svela come nella notte di domenica il premier si sia presentato a sorpresa in una villetta di Casoria, dove si celebravano i diciott'anni di Noemi Letizia. Lei è bella, bionda, studia da grafica pubblicitaria a Portici e sogna una carriera televisiva, tanto che avrebbe inviato il suo book fotografico al presidente del Consiglio in persona. Un album che avrebbe provocato la scintilla. Accanto a Noemi ci sono il padre Elio e la madre Anna. La ragazza chiama Berlusconi 'papi', ai giornalisti dirà più tardi che lo conosce da tempo e che spesso lo va a trovare a Milano e Roma, 'perché lui, poverino, lavora molto e non può sempre venire a Napoli'. Il Cavaliere le ha portato un regalo, una collana d'oro giallo e bianco con pendente di brillanti. C'è chi mormora anche le chiavi di un'auto, ma Noemi smentisce. Veronica legge e rimane stupefatta, chiama al telefono un'amica: 'Basta, non posso più andare a braccetto con questo spettacolo'. A Roma infuria la polemica sulle veline pronte a entrare nelle liste elettorali del Pdl e ci sono, soprattutto, quella ragazzina di Casoria, Noemi, e la sua mamma Anna che si rivolgono a Berlusconi con gli affettuosi diminutivi di 'papi' e 'papino'. Veronica non ce l'ha né con le giovani donne aspiranti europarlamentari né con Noemi. Interpreta la loro parabola quasi epicamente, come 'figure di vergini che si offrono al drago per rincorrere il successo, la notorietà e la crescita economica'. La sconcerta, però, che il metodo da 'ciarpame politico' non faccia scandalo, che quasi nessuno si stupisca, che 'per una strana alchimia il paese tutto conceda e tutto giustifichi al suo imperatore', come racconta a chi le sta vicino. [...] 'Mi domando in che paese viviamo,' ha raccontato Veronica l'altro giorno a un'amica, 'come sia possibile accettare un metodo politico come quello che si è cercato di utilizzare per la composizione delle liste elettorali del centrodestra e come bastino due mie dichiarazioni a generare un immediato dietrofront. Io ho fatto del mio meglio, tutto ciò che ho creduto possibile. Ho cercato di aiutare mio marito, ho implorato coloro che gli stanno accanto di fare altrettanto, come si farebbe con una persona che non sta bene. È stato tutto inutile. Credevo avessero capito, mi sono sbagliata. Adesso dico basta'".

Questa iniziativa di Veronica Lario le costerà molto, l'aveva previsto, ma non una reazione feroce come quella che c'è stata. Una campagna metodica, di una violenza inaudita. Una strategia volta a farla apparire come un personaggio instabile, suggestionabile da quel "suggeritore della sinistra" che Berlusconi avrebbe individuato. Aveva pensato di mettere in conto una reazione forte da parte del marito, ma non questa strategia.

Berlusconi si difende alla sua maniera, attaccando tutto e tutti, pronto a giurare la sua innocenza sulla testa dei figli; l'opposizione, sconfitta, cerca di attaccarlo in modo vergognoso, con questi pettegolezzi pruriginosi; la ragazza del compleanno, Noemi Letizia, diventa una vittima: "Ho visto," dice Berlusconi, "come è stata attaccata questa ragazza, in modo inaccettabile, persino con indagini immobiliari e con interviste carpite a una famiglia che non ha dimestichezza con l'informazione. Vergogna". E l'attacco su Noemi va di pari passo a quello sul caso Mills. "C'è," dice Berlusconi, "una comune radice, per ribaltare la verità. Ma gli italiani sono con me!" E come al solito fa seguire all'indignazione le battute di spirito, in una conferenza stampa chiede: "Ci sono domande sulle signorine?".

Nello scandalo delle minorenni corteggiate o concupite Berlusconi non tiene minimamente in conto che l'uso e l'abuso della menzogna da parte di un uomo di governo sono esiziali per il buongoverno, sono un inganno che alla fine non paga. Le statistiche edulcorate non bastano, alla fine gli stipendi degli italiani restano tra i più bassi del mondo, la ricerca, la cultura, la mobilità sociale, l'igiene e tutti gli altri indicatori di benessere e di civiltà restano a livelli bassissimi. A compenso Berlusconi ricorre alla sua nota capacità di riempire la vita degli italiani con notizie euforiche e confortanti sui suoi rapporti con i grandi della terra, a cui aggiunge i vantaggi dei buoni affari economici, ma il metodo è sempre quello della propaganda autoritaria: sbandierare le notizie buone e tacere quelle cattive. L'uso sistematico delle smentite e delle menzogne è pagato duramente dalla caduta del prestigio. Dalle dichiarazioni rese sul caso Noemi non si è capito letteralmente niente. Perché uno sconosciuto galoppino elettorale, un modesto impiegato del comune di Napoli, un faccendiere di pratiche municipali, è amico del capo del governo al punto di raccomandargli gli aspiranti deputati e di averlo ospite alla festa di compleanno della figlia, dove decine di sconosciuti si stringono festanti attorno al primo ministro? E come mai questo signore è presente a tutti gli incontri tra la figlia e il premier è una storia che a volerla spiegare con le bugie si finisce dentro a un labirinto senza uscita.

La reazione di "Repubblica" è dura, pubblica "Le dieci domande che rivolgiamo a Silvio Berlusconi":

"1. Signor Presidente, come e quando ha conosciuto il padre di Noemi Letizia?
2. Nel corso di questa amicizia, quante volte vi siete incontrati e dove?
3. Come descriverebbe le ragioni della sua amicizia con Benedetto 'Elio' Letizia?
4. Perché ha discusso delle candidature con Letizia che non è neanche iscritto al Pdl?
5. Quando ha avuto modo di conoscere Noemi Letizia?
6. Quante volte ha avuto modo di incontrare Noemi Letizia e dove?
7. Lei si occupa di Noemi e del suo futuro e sostiene economicamente la sua famiglia?
8. È vero che lei ha promesso a Noemi di favorire la sua carriera nello spettacolo o in politica?
9. Veronica Lario ha detto che lei 'frequenta minorenni'. Ce ne sono altre che incontra o 'alleva'?
10. Sua moglie dice che 'non sta bene' e che andrebbe aiutato. Quali sono le sue condizioni di salute?".

Pettegolezzo o caso politico?

Berlusconi risponde attaccando i giornali, "Repubblica" in particolare: "Si vergogni!". Risponde il direttore Ezio Mauro: "Il premier dovrà rassegnarsi. Non tutto in questo paese è 'arrangiabile', risolvibile con qualche patto oscuro. Se è capace di togliere le sue contraddizioni dal tavolo, lo faccia davanti ai cittadini. Altrimenti, continueremo a dire che non può farlo, e a chiedergli perché. Per il resto il presidente del Consiglio ripete la sua invettiva abituale: ora rivendica una dimensione privata [...]. E insiste sull'odio 'politico' e l'invidia 'personale', come se non fosse possibile la critica dei cittadini che non hanno bisogno di odiarlo e non si sognano nemmeno di invidiarlo perché gli basta giudicarlo. 'Gli italiani stanno con me' ha urlato alla fine il premier. Intendendo che il numero dei consensi oltre al pieno diritto di governare gli conferisce anche l'immunità da critiche, osservazioni e domande. Non è così in nessun paese democratico, signor presidente, s'informi, entrando finalmente nell'Occidente. Ma il fatto che lei lo pensi, per tappare la bocca ai giornali, ci fa davvero vergognare un po'".

Non si era ancora chiuso il clamore sulla vicenda di Noemi, che da un'inchiesta del tribunale di Bari viene fuori una nuova storia di feste e di veline. Una teste confessa di essere stata pagata per andare a palazzo Grazioli, altre quattro sono interrogate. Luigi Zanda, che segue per il Partito democratico i problemi della sicurezza dice: "Nessuna faziosità, ma questa storia sta diventando un problema politico di prima importanza. Non è tempo di forzature politiche, ma questi sono problemi che hanno a che fare con l'interesse dell'Italia. È legittimo e comprensibile che Berlusconi voglia tenere fuori dal dibattito politico ciò che ritiene gossip sulla sua vita privata. Però la faccenda delle sue frequentazioni sta assumendo dimensioni tali da render necessario che sia lo stesso premier a fornire assicurazioni sul fatto che non sia ricattabile o anche solo condizionabile. È un problema di sicurezza nazionale".

Di fronte a questo nuovo scandalo la maggior parte dei giornali tace o svicola. Tutti i telegiornali meno due danno pochissimo risalto al fatto; ci si domanda: perché gli italiani hanno cessato di stupirsi? La risposta disarmante potrebbe essere: perché Berlusconi è vivo ed è già in corso la punizione di coloro che, a suo dire, lo denigrano. Chi invece è in prima fila a difenderlo non è un uomo politico, ma il suo avvocato, lo stesso che lo ha difeso nei processi per corruzione. Tutto sommato una storia mediocre, che si svolge nel deserto della pubblica opinione, ormai insensibile.

Con questa destra, con questi liberali, con questi democratici gli italiani hanno perso la cognizione della differenza tra pubblico e privato, su ciò che va pagato dallo stato e ciò che tocca al primo ministro. Secondo le indagini della Procura di Bari, l'imprenditore Tarantini ha organizzato per conto del premier diciotto feste nella sua villa in Sardegna o a palazzo Grazioli, senza dirgli, ha precisato, che pagava le giovani donne, le escort, sia per le danze e le cene che per ciò che toccava a quelle che rimanevano la notte. E il premier si è affrettato a confermare che lui "non ha mai pagato una donna perché il bello dell'amore è la conquista". Come a dire agli italiani che li considera dei colossali minchioni pronti a bere tutte le menzogne, cioè che un faccendiere avrebbe montato un simile giro di donne e di droga, rischiosissimo per la sicurezza dello stato e per le conseguenze giudiziarie, a gratis, senza ricavarne alcun utile. Ma anche un bambino sa che tipi come Tarantini a gratis non ti danno neppure un bicchier d'acqua, che il loro mestiere è di sfruttare le debolezze dei potenti per ottenere favori e indulgenze. Il premier, dice sua moglie che lo conosce, è un malato che va curato, non sfruttato. Certo non sembra capace di un minimo di autocontrollo, se usa anche i rapporti di politica estera per dichiarazioni da megalomane, come quello di ritenersi il miglior capo del governo della storia dell'Italia unita. Costringendo l'ospite, il primo ministro spagnolo, a prendere le distanze con un eloquente silenzio. Diciotto feste a cui gli italiani illustri e meritevoli non vennero mai invitati, come usa nei paesi civili. Erano più divertenti, più interessanti le escort e le altre, che nessuna persona normale inviterebbe in casa sua.

La grande crisi

La crisi economica che affligge il mondo ha avuto almeno il merito di smascherare i finti esperti, le sentinelle che avrebbero dovuto avvisarci che il nemico era alle porte. E invece, quasi tutte, dormivano. Dovevano spiegarci che la crisi si stava avvicinando, e come metterci in salvo, e invece hanno continuato a parlare fra di loro, scambiandosi complimenti e attestati di stima cattedratica. Pochissimi, e inascoltati, hanno denunciato la massima presunzione della cultura liberista, il già citato acronimo della Thatcher sulla mano invisibile del mercato: TINA, *there is no alternative.* Si era alla vigilia della catastrofe e gli esperti continuavano a partecipare a dibattiti televisivi e giornalistici, in un profluvio di parole a vuoto. Un'orchestra stonata diretta da maestri che sorridevano e annuivano per far capire alla platea che erano sapienti. E invece rimestavano tra i luoghi comuni, ignorando le cause vere della crisi: l'inestinguibile avidità umana e l'eterna voglia di frodare il prossimo. Avevano vista migliore i letterati, come il vecchio Tolstoj: "Il diavolo del perfezionamento tecnico ha convinto gli uomini che più oggetti fabbricheranno, e più rapidamente, e meglio sarà per tutti. E così gli uomini perdono la vita per fabbricare un numero di oggetti perfettamente inutili sia per coloro che li hanno prodotti, sia per coloro che si sono indebitati per averli".

Per mesi da ogni parte arrivano spiegazioni sulla crisi economica. Da molti si rivendica il merito di averla prevista. Se è vero, non sono stati ascoltati o non sono riusciti a comunicare. In entrambi i casi l'informazione a mezzo stampa o televisione non ha funzionato. Vogliamo capire il perché? La ragione prima, storica, è che la direzione dei giornali e delle televisioni non è più, come nel Novecento, di un uomo politico o di un imprenditore, ma della pubblicità, che non si occupa della realtà ma dei desideri, non della impenetrabilità dei corpi ma di fantasie alla *Star Trek*. Tutti sanno che la pubblicità fornisce all'informazione il sessanta e più per cento dei soldi che le occorrono per vivere, sempre più gigantesca e costosa. Questo dominio totale della pubblicità ha portato alla morte per estinzione progressiva del giornalismo d'inchiesta. Dai tempi delle prediche inutili di Luigi Einaudi a oggi l'ignoranza sullo stato reale dell'economia è diventata quasi totale, la ricerca della verità osteggiata quando non proibita, l'arroganza e la voracità di chi è in grado di approfittarne, incontenibili. Avendo fatto per una vita il giornalista d'inchiesta, mi sono provato a denunciare gl'inganni e le truffe del sistema pubblicitario. Ma era come svuotare il mare con un secchiello, come combattere contro i mulini a vento: i padroni dei mezzi di produzione e d'informazione avevano in massa cambiato campo, erano passati dalla ricerca della verità, dalla misura con la realtà, alla moltiplicazione dei pani e dei pesci promessa dalla pubblicità. L'avidità e gli sprechi del managerismo d'assalto caotico, senza prudenze o misura, erano sotto gli occhi di quanti avessero voluto vederli, ma ad alcuni veniva impedito, a molti piaceva pensare di poter entrare in Bengodi. È accaduto che non solo i famosi CEO, i super manager, si sono arricchiti a miliardi, ma per coprirli è cresciuta la corruzione e la cortigianeria. Ora tutti possono vedere che danni spaventosi abbia prodotto la rinuncia al giornalismo d'inchiesta. È urgente rileggere gli Einaudi e i Sella.

Tutte le sere alle sei una giovane e bella economista dai capelli biondi interroga in tv, sulla crisi economica, degli esperti, i quali spiegano che essa crisi è umanamente comprensibile proprio perché razionalmente inspiegabile. E ammettono che le meravigliose macchine del calcolo e delle previsioni di cui tutti ormai dispongono non solo non hanno messo in guardia contro il disastro, ma lo hanno provocato con la loro "economia creativa", cioè d'azzardo. Ammettono con compiacimento che le pratiche finanziarie più folli – come le stock option o i titoli "spazzatura" – erano di uso comune e che le maggiori banche mondiali giocavano alla roulette russa, vale a dire a uccidersi con le loro stesse armi. Il prezzo della ricchezza, tutti lo ripetevano, era la vigilanza, ma poi tutti correvano rischi estremi. L'aspetto terrificante di questa crisi è che tutti noi sudditi abbiamo avuto la prova, la certezza che le nostre guide erano cieche, che i nostri saggi erano più dementi e imprudenti di noi. La prova che le nostre grandi sventure non sono casuali, volute da un fato avverso, da una natura crudele, ma totalmente nostre, di noi ingenui e imprudenti e dei nostri cattivi maestri. Gli speculatori hanno creato falsi rialzi del petrolio. I centocinquanta anni di carcere dati allo speculatore Madoff non sono un deterrente che fermi le grandi banche come la Morgan Stanley o la Goldman Sachs che stanno già facendo utili enormi e restituiscono i prestiti dello stato per liberarsi presto di ogni controllo. Hanno vinto la civiltà di massa, il popolarismo per cui tutti desiderano la ricchezza facile e smisurata, l'eterna gioventù, la bellezza e la forza e l'immortalità; insomma i desideri senza limite da cui questa crisi è nata. Ho letto in una corrispondenza da New York che gli americani sono andati a testa bassa nella crisi perché sono "i più avidi del genere umano". Diciamo che sono i primi di una classe avida presente in tutti i popoli. Le più moderne e perfette macchine di previsione e di calcolo, dicevo, non solo non hanno sventato il pericolo, ma l'hanno incoraggiato, reso popolare, desiderabile. Ed è proprio la lezione serale della bella economista dai capelli biondi a confermarlo, con tutte le teste d'uovo che convoca e che, interrogate sul come e perché della crisi ripetono il comune stupore di chi non aveva previsto, o se l'aveva previsto, aveva taciuto per non mettersi contro i desideranti e senza aver provveduto ai ripari. La lezione perversa di questa crisi è di diffondere la sfiducia nei governi che all'evidenza si muovono alla cieca, promettendo e manovrando montagne di denaro che non arrestano la sciagura. E fa cadere le braccia il ricorso che tutti o quasi fanno al linguaggio degli specialisti, incomprensibile, per cui la bella e bionda direttrice del dibattito sembra affondare nei gorghi dell'ermetismo.

La rivoluzione plutocratica

Sta formandosi nel mondo un nuovo tipo di società: la società dei ricchi senza meriti e senza controlli, senza tradizioni e senza responsabilità. Non di aristocratici, perché per farne parte basta avere molti soldi, non manifatturiera, perché non importa se si producono o meno buone merci, non razzista, perché non si lega al colore della pelle, ma alla quantità del denaro che si possiede, da cui dipendono strettamente i quartieri dove si abita, i consumi, gli svaghi, le relazioni sociali, le scelte politiche. È la società newyorkese del residence The Plaza, la società immobiliare che ha messo in vendita il famoso hotel a uno o cinque milioni di dollari l'alloggio. La selezione di questa nuova società è semplice: o hai i milioni di dollari, i miliardi di lire, con cui comprare l'alloggio al Plaza o negli altri quartieri ricchi e ricchissimi nel mondo, o non ce li hai e non hai la minima speranza di entrarne a far parte. È avvenuta sotto i nostri occhi una rivoluzione plutocratica, un trionfo di Mammona, un avvento di cresocrazia senza limiti e senza correzioni legali, sociali, etiche. I ricchi sono padroni del mondo e lo proclamano *urbi et orbi*. Aumentano le tasse dei poveri e diminuiscono le loro, mentre i Berlusconi del pianeta vanno dicendo che l'enorme errore dei comunisti "è stato quello di far la guerra ai ricchi e non alla povertà del mondo". Come aveva già intuito la regina Maria Antonietta, vera o falsa che sia la frase: "Se il popolo non ha pane che mangi le brioche".

Giudicata così, nelle sue manifestazioni spontanee e un po' brutali, questa nuova società sembra avere una morale da pirati. Uno degli istituti su cui si basa la rivoluzione plutocratica, è la stock option, il premio a chi ha aumentato il valore in soldi, in dividendi, di un'azienda. Può essere l'azienda più dannosa al genere umano, trafficante in veleni nucleari come in mine antiuomo, ma va premiata con le stock option, perché i manager che si sono sostituiti ai vecchi padroni privati, sono più avidi e irresponsabili di loro. È notorio che i guadagni sproporzionati dei manager derivano dagli accordi, più o meno notori, che avvengono nelle loro corporazioni. Lloyd Blankfield, CEO di Goldman Sachs, ha avuto nel 2008 una gratifica milionaria, e il direttore generale Gary Cohen di seicentodiecimila dollari, mentre Rick Wagoner, un CEO che ha fatto fallire la General Motors è stato liquidato con 8,5 milioni di dollari, circa 6 milioni di euro, quasi 12 miliardi delle vecchie lire. Non si capisce quali vantaggi siano venuti alle imprese italiane e ai loro azionisti dai premi per l'aumento del valore che i manager si sono spartiti. La rivoluzione plutocratica si regge sulla rassegnazione dei poveri, considerata come un male minore, come un modo di produrre truffaldino e ingiusto ma efficace. Ma questo rifiuto di ogni regola etica, di ogni controllo democratico, questo infischiarsene di ogni disciplina produce in continuazione scandali, malversazioni, furti del pubblico bene. È un capitalismo da imbroglioni, da avventurieri, in cui i delinquenti aspettano tranquilli la decadenza dei termini giudiziari. Che società è questo sciame di calabroni avidi, per cui un baro, un furfante purché sia ricco vale un galantuomo? Che società è questa, così impunita che neppure il terrorismo la ferma e la impaurisce?

Una bomba nell'armadio

La crisi è chiara, chiarissima per chi l'ha ogni giorno voluta, ma è questa chiarezza la ragione prima di umiliazione, l'ammissione, l'evidenza che ci siamo rovinati con le nostre mani.

Viviamo, dice il sociologo Edgar Morin, con una bomba a scoppio ritardato nel nostro armadio. C'è da stupirci se ci divora l'angoscia? Ogni mattino apriamo giornali e radiotelevisioni con un fiero proposito: questa volta voglio proprio capire perché oggi tutto va storto, tutto è in perdita se facciamo le stesse cose di ieri quando tutto era guadagno, sviluppo. E la prima costatazione scoraggiante, disperante, è che stiamo facendo di tutto per riprodurre i guasti e gli errori di ieri. Chi sono gli esperti, i dottori emeriti, le teste fini a cui chiediamo di rimettere in sesto la baracca dell'economia? Il primo ad apparire sugli schermi, sui giornali è stato un gigante di nome Paulson, dalla voce cavernosa e tremante, uno dei maghi della Federal Reserve che hanno perseguito per decenni l'indebitamento gigantesco, la vendita di azioni spazzatura, il trasferimento a paesi esteri del debito commerciale americano, e il consumismo folle che sta mettendo a rischio finale la nostra sopravvivenza, in un vortice irresistibile in cui qualsiasi cosa si faccia è sbagliata: se consumi ti indebiti, se non consumi l'economia si ferma, se segui la corsa tecnologica inquini, se non la segui fallisci. E guardando al mattino appena alzati e già depressi questi manager che mettono in piazza le loro follie e le loro violenze, questi primi della classe che ci ritroviamo, ci vien di pensare che forse per gli umani di un altro millennio le cose cambieranno in meglio, ma che per noi il peggio è assicurato. Per giunta, essendo persone scolarizzate sappiamo anche che tutto era prevedibile, evitabile. Non è noto dai tempi di Tacito che "la debolezza umana fa sì che i rimedi vengano sempre dopo il male"? Non è arcinoto che uno dei grandi pensatori del capitalismo americano, il signor Taylor del famoso metodo produttivo, diceva amabilmente agli operai: "Non vi chiedo di pensare. C'è gente pagata per questo". La tecnica come toccasana! Ma fa anche parte della tecnica il colpo partito che non può tornare indietro, le dighe colossali che hanno compromesso per sempre i sistemi idrici cinesi, egiziani o danubiani. Ogni mattino apriamo i giornali o le televisioni per sapere se i nostri governanti e salvatori sono in arrivo. Lo spettacolo non è incoraggiante: giocano con le montagne di dollari o di sterline come era di moda negli anni del miracolo economico giocare a Monopoli con i dadi e i soldi falsi. L'economia in genere e quella globale in particolare danno vita a meccanismi al di fuori di ogni controllo, sensibili a tutti gli umani desideri, a tutte le umane debolezze. Apprezzabili soprattutto se fuori da ogni controllo. E allora di che ci lamentiamo?

La paura della paura

Il capo del governo italiano, signore della pubblicità e della televisione, dunque ottimista per vocazione e interesse, ripete l'avvertimento di Roosevelt agli americani degli anni trenta: "La prima cosa di cui dobbiamo aver paura è la paura". Ma come sappiamo da don Abbondio "il coraggio, uno non se lo può dare". Anche perché le crisi del capitalismo sono irrazionali, come lo sono gli uomini, e il terrore che incutono sta proprio nella loro follia distruttiva e al tempo stesso creativa: un tornado che solleva gli uomini come fuscelli e gli fa preferire la morte alla povertà o alla mediocrità. Vedi i miliardari americani che si sono suicidati nei giardini o nei garage delle loro ville. Non certo per aver perso il necessario a una vita agiata, ma il potere. Suicidi perché incapaci di tornare persone normali, questi boss, tenaci, duri, feroci nelle battaglie per i soldi, ma fragilissimi di fronte alla sconfitta sociale. Di fronte alla crisi prevedibile ma non prevista, gli uomini impazziscono, cadono nel catastrofismo, nello sconforto totale. La fine del mondo, l'eterna paura umana invano curata con miracoli, scongiuri, capri espiatori, sacrifici umani e animali ritorna nel linguaggio della crisi economica. "Crolla il Pil", titolano i giornali per una diminuzione del quattro o del cinque per cento rispetto all'anno precedente. Crolla il Pil. Per dire il nostro modo di vivere con cibo abbondante e poca fatica raggiunto dopo millenni di fame e di freddo. Che cosa va a rotoli, che cosa scompare realmente con il quattro per cento in meno? Come se fossimo alla fine del mondo prevista dagli astronomi maya per il 2012. Paura della miseria, anche se le agenzie viaggi sono assediate dalle prenotazioni e le strade piene di automobili? "La crisi non è finita, ma il crollo finanziario è alle spalle" dicono per confortarci, e viene raccontato come un miracolo che i governi sono intervenuti per finanziare le banche che stavano per fallire. Perché? Per il ritorno delle dieci piaghe mandate sull'Egitto dal Signore? Per la glaciazione o l'incendio del pianeta? No, perché i banchieri avevano voluto guadagnare prima cento, poi mille, poi come il re Mida trasformare in oro la carta straccia incoraggiando i clienti a indebitarsi, a comprare case senza avere i soldi, a spendere e spandere. "La crisi continua ma il peggio è passato", dicono giornali e televisioni. Come fosse un miracolo, da suonar le campane come per la fine della peste. E gli scampati si raccontano compiaciuti che l'unico a finire al tappeto, l'unico knock-down è la piccola Islanda, che a ben guardare resta uno dei paesi più ricchi del mondo con riserve di gas, sorgenti di acque bollenti, mare pieno zeppo di pesci, e così pochi abitanti che sulla carta geografica anche la fattoria di una famiglia è segnata come fosse un paese. La paura è il nostro peggior nemico? Sì, ma sacrosanta, motivatissima e normale, perché come si dice "la paura fa novanta". Dominati dalla paura ma non per capriccio, per delle buonissime ragioni, a cominciare da quella fregatura delle fregature della creazione che è la morte, così incomprensibile che abbiamo dovuto inventare i miti della resurrezione e della reincarnazione. E tutto ciò che chiamiamo progresso è riassumibile in uno sviluppo perenne, senza misura, una meta impossibile e per giunta spaventosa, perché l'immortalità a cui miriamo è in pratica terrorizzante. O troviamo nuovi improbabili mondi, o arriviamo alla caccia ai vecchi e ammalati come nel racconto di Buzzati. "Non abbiate paura", esortano i governanti, ma come si fa a non avere paura, dato quello che accade sotto i nostri occhi? Ci abbiamo messo qualche migliaio di anni per fare una prova di socialismo ed è subito fallita con i gulag staliniani. Ci stiamo riprovando con la modernizzazione, come la chiamano, con la tecnica, ma non c'è essere pensante che non veda la sua fragilità. L'unico sistema escogitato per non prendere atto delle stragi umane che ogni giorno si compiono sulle strade e nei luoghi di lavoro è di ignorarle. L'unico modo per non vedere le nuove invasioni barbariche è quello di affondare i barconi degli emigranti. Paura? Sì, moltissima.

Quando finirà la grande crisi? La prova che essa è una bolla di paura e di automatismi incontrollabili, più che una reale perdita di ricchezza, è che nessuno sa rispondere: s'intravvedono i primi segni di ripresa, forse ci sarà nella seconda metà del 2010. E gli ottimisti dicono: forse è una grande occasione che non dobbiamo perdere per correggere gli errori del capitalismo. Del capitalismo? Ah, questo nominalismo che tanto ci piace! La crisi non è del capitalismo, ma di noi uomini, che non abbiamo ancora imparato l'arte di vivere e di dominare le nostre angosce infantili. Quale lezione avevamo tratto dalla grande crisi del '29? Nessuna, si direbbe, siamo ricaduti in tutti gli errori e nelle follie di allora, e così, temiamo, sarà in futuro: incauti, imprudenti, avidi, egoisti come sempre. Nel giorno in cui abbiamo festeggiato la madre Terra i giornali davano notizia che un centinaio di specie era arrivata alla sparizione: pesci, uccelli, piante annientati per sempre. L'unica cosa che sembra interessare agli uomini, la sopravvivenza della specie, sta nella rinuncia all'uso delle armi atomiche, anche se tutte le potenze emergenti le vogliono e cercano di fabbricarle.

Gli odiati banchieri

Non potevano mancare alla grande crisi i banchieri e gli usurai, i signori dell'oro, nemici del popolo. Da sorvegliare, lo dice anche il governatore della Banca d'Italia Mario Draghi: "Le banche dovranno essere vigilate, tenuti sotto osservazione i rapporti tra esposizione e risorse, la valutazione dei rischi, e quale tetto dare ai guadagni dei banchieri, che sono costati al Tesoro americano centottanta miliardi di dollari". Un'impiegata di banca mi ha scritto lamentando che faccio di ogni erba un fascio dei bancari, come il ministro Brunetta degli statali, tutti fannulloni. E per due fitte pagine mi spiega come gli impiegati vengano letteralmente schiacciati dai dirigenti esosi e dai clienti avidi e ignoranti. "Che ne sa lei delle giornate infernali di lavoratrici e lavoratori bancari che sono letteralmente perseguitati dai vari manager con tutti i mezzi possibili, sms sui telefoni personali, e-mail, telefonate, continui rimbrotti, riunioni a tutte le ore, con l'unico sacro obiettivo di raggiungere il budget? Che ne sa lei di quello che in questi anni abbiamo subìto con tutte le fusioni, incorporazioni, tagli occupazionali, cambiamenti di management, nuove procedure, nuove filosofie aziendali, riconversioni, mutamenti di mansioni, spinte commerciali insopportabili pretese da nuove generazioni di capetti che anziché i globuli rossi hanno nel sangue un fiume di dollari? Le ultime leggi aumentano le nostre responsabilità nel rapporto con i clienti come se fossimo dei banchieri responsabili delle strategie e degli strumenti. E che dire dei clienti, dei risparmiatori? Ho speso ore e ore a spiegare a massaie e pensionati che le azioni Parmalat e Cirio erano più rimuneratrici perché più rischiose. Ma le massaie e i pensionati volevano guadagnare molto e subito, e ora che si sono bruciati sono i più accaniti ad accusarci." Così la mia lettrice. Qui vorrei dirle che mi metto anche io nell'elenco dei clienti colpevoli, e non solo per avidità, ma anche per altri peccati più veniali come la pigrizia e la vanità. Mi spiego: sono cliente di due grandi banche. La prima a Milano, a due passi dalla casa in cui abitavo, la seconda, dopo un trasloco, sempre a due passi da casa; non perché avessi bisogno di due banche, ma perché vicine a casa. Quando partì la nuova "filosofia aziendale" o bancaria di trasformare gli impiegati in procuratori di affari, la nuova banca arrivò per prima, mi mandò a casa la bancaria di fiducia accompagnata dal direttore di filiale. Mi spiegarono che era il momento di fare degli investimenti e mi fecero firmare un contratto per una assicurazione sulla vita. La pigrizia per cui avevo scelto per due volte la banca vicina a casa mi punì. Come? Per pigrizia non avevo letto le due pagine fitte del contratto al comma dove si diceva che esso era legato al corso delle operazioni di Borsa. La Borsa crollò poco dopo e presi il primo bagno. La seconda banca si fece viva quando avrei dovuto tener conto della prima fregatura. Ma venne da me l'impiegato simpatico che conoscevo da vent'anni, un impiegato letterato, che leggeva i miei libri. Non ricordo di preciso quale investimento mi propose, ma fu un secondo bagno. Ero amico dell'AD, cioè amministratore delegato della grande banca, lo avevo difeso sul giornale nei giorni di Mani Pulite. Gli scrissi della mia disavventura. Non mi rispose perché come è noto la prudenza è una virtù dei banchieri. Il direttore di filiale della prima banca è stato trasferito in provincia, e non mi ricordo nemmeno come si chiamasse, l'impiegato letterato è andato in pensione sostituito da una donna prudente con cui fatico a comunicare per via della privacy per cui ogni filiale è più segreta e inavvicinabile di Fort Knox. Morale della storia? Da sempre i monarchi hanno limato le monete d'oro per il bene loro e del loro casato, da sempre applauditi dai sudditi. Perché le banche, che sono del mestiere, non dovrebbero fare altrettanto?

Nel naufragio universale dell'economia, nel crollo dei consumi, pare si siano salvati solo quelli di lusso: e una certa logica umana, estranea all'aritmetica ma non al labirinto della psiche, c'è. Di fronte ai risparmi di anni "bruciati" in poche ore ci sono state due reazioni: il rimpianto per le occasioni di lusso perse o la decisione di coglierle *in extremis*. Il primo è di coloro che avevano i soldi per permetterselo, il lusso, e lo hanno mancato, il secondo di quelli che di soldi ne hanno ancora tanti e che a nessun costo vogliono mancarlo. Ecco spiegato il mistero degli acquisti che tengono e salgono di case a Dubai o a New York, di Ferrari o di Bmw giganti, di orologi d'oro con brillanti. La risposta di alcuni alla catastrofe finanziaria non è di tener botta, di resistere ma di *après moi le déluge*. La recessione, come la chiamano, è arrivata a spiegarci o a confermarci che l'eccellenza umana, il successo non dipendono dalla ragione ma dai desideri, non dall'onestà ma dalla furbizia, non dalle leggi ma dalla capacità di violarle, di usarle. Il liberismo senza regole e senza sanzioni, il liberismo dei forti e dei furbi ha portato la società a questo caos generale, a questo sentimento diffuso di fine del mondo. Ma dove sono i grandi responsabili? Fino a poco tempo fa erano ai summit con George Bush, o con l'allora vicepresidente degli Stati Uniti Cheney, il finanziere della Halliburton, l'azienda che ha fatto miliardi nel modo più sicuro, con la ricostruzione di ciò che l'aviazione americana aveva distrutto in una guerra senza ragione. Brecht esagerava quando diceva che la fondazione di una banca equivale a una rapina, ma la ragione di fondo dell'attuale crisi non ha nulla di misterioso, è qualcosa di notissimo: l'avidità umana in genere, quella degli americani in particolare, dove la parola dollaro risuona, rimbomba in ogni discorso. Le ragioni della crisi non sono misteriose e casuali, ma umane, umanissime: l'avidità, il rifiuto dell'autodisciplina. I segni premonitori c'erano anche da noi e tutti potevano coglierli. Per esempio le banche, anche le più ricche e rispettabili, che improvvisamente trasformavano i loro impiegati, anche quelli da sportello, in procuratori d'affari che approfittavano dell'ignoranza dei clienti per piazzare assicurazioni e investimenti sballati, o la casta dei manager che inventavano la teoria dell'aumento di valore dell'azienda come un loro merito da premiare e non come una loro naturale funzione. Quando lo scrissi su un giornale, l'amministratore delegato di una grande azienda mi rispose minacciandomi di querela.

Il denaro scomparso

Un giovane che lavora nella pubblicità mi dice più stupefatto che impaurito: "Sembra che nessuno dei miei clienti, commercianti, imprenditori, sarti, impresari teatrali abbia più una lira. Non spendono, non investono, non ti chiedono più nulla. Io per campare sono pronto a vendere per cinquemila euro un lavoro che a me ne costa diecimila. Tutti quelli che conosco navigano come me in un mare senza più acqua, respirano un'aria senza più ossigeno, bussano a porte che si aprono solo per dirti che non hanno bisogno di te". Il mondo si è diviso improvvisamente tra quelli che i soldi ce li hanno ancora, li fanno ancora girare, e quelli che non sanno più bene che cosa li aspetti domani, che attendono che la siccità un bel giorno finisca così come è arrivata. Ma in questo mondo spaccato in due, dove la circolazione del denaro, che per gli uomini di oggi è come la circolazione sanguigna, che per alcuni funziona e per altri si è fermata, restano ancora dei beni, dei consumi, degli usi, delle abitudini comuni a tutti e per ora insostituibili: le vacanze, le automobili, come la voglia di staccare dal lavoro – ma staccare come, se sei tu che sei stato staccato? –, la televisione, il tempo che fa; e allora in questo paese rimasto per metà a secco avvengono incredibili migrazioni vacanziere, sulla circolare di Mestre si formano delle code di sei-sette ore, la Protezione civile distribuisce in un'ora diecimila bottigliette di minerale agli automobilisti assetati, i telegiornali fanno vedere spiagge e montagne gremite di gente, anche di stranieri venuti chi sa perché come sempre a questi patimenti estivi. Sarà così la fine del mondo? Un progressivo consumo di risorse, di macchine, di valute pregiate, di case, di tutto fino al vuoto finale, fino alla parificazione di tutti nella fame e nella sete. È singolare che proprio nella modernità superliberista della Thatcher e di Reagan, dell'ossessione anticomunista, dei dominanti miti del più feroce individualismo tutti, ma proprio tutti siano costretti da questa grande crisi che nessuno sa bene cosa sia e da dove sia arrivata a provare sulla propria pelle che non siamo padroni della nostra vita, dei nostri destini, dei nostri comodi, che siamo ancora come nel tempo antico, come sempre, in balìa delle tempeste e delle dieci piaghe che un dio crudele può mandare quando vuole sulla Terra. Stupefatti e come paralizzati dalle recenti sanguinose delusioni di tutti gli *ismi* provati nel secolo scorso: i nazismi, fascismi, comunismi che hanno seminato guerre e lager e torture, cui ora si aggiunge più che il dubbio la certezza che anche il capitalismo fabbrica di abbondanza non riesca a liberarsi dalle sue malattie congenite e misteriose, come questa per cui improvvisamente metà della gente non ha più una lira da spendere, da investire, o il coraggio di farlo, sicché, non avendo consolazioni migliori, partiamo tutti negli stessi giorni verso le infernali code di auto, verso le puzzolenti resse estive. Per gli uomini di lunga vita come il sottoscritto c'è un altro motivo di stupore: la grande delusione dell'economicismo, la fiducia non solo marxista che il dominio dell'economia avrebbe risolto tutti i nostri problemi. Ma di fronte al giovane pubblicitario che mi racconta più stupito che impaurito che il denaro è sparito dalle sue sorgenti, dai suoi fiumi, che la circolazione sanguigna di cui viviamo si è per metà fermata, come non ricordare che negli anni della fame e del terrore eravamo aperti alle più meravigliose speranze, che c'erano giovani che sacrificavano la vita per tenerle in vita? Ogni giorno i bollettini di guerra della grande crisi pubblicano il numero dei senza lavoro. Ma fra essi non ci sono gli speculatori più irresponsabili. Un'inchiesta fra i finanzieri di Wall Street ha rivelato che quasi tutti sono rimasti al loro posto, al massimo hanno cambiato scrivania.

La caduta di Wall Street

La caduta di Wall Street equivale per il liberismo alla caduta del Muro di Berlino per il comunismo. Dice che questo tipo di organizzazione economica è insostenibile, la "mano invisibile" che guida il mercato non si è vista perché non esiste. Con la fine del liberismo economico la funzione delle banche cambia da investitori a salvatori. Il capitalismo finanziario, considerato la massima espressione del capitalismo occidentale, si ritrova di fatto nazionalizzato con i liberisti che invocano l'intervento dello stato. Il capitalismo liberista doveva gestire il rischio e investire bene i capitali. Ha fatto il contrario. Pare avesse ragione T.S. Kuhn quando diceva che la scienza, anche quella economica, procede a salti: quando il suo vecchio paradigma entra in crisi lo si sostituisce con uno nuovo, magari contrario.

Il liberista Reagan poteva dire: "È mattino nell'economia americana, lo stato non è la soluzione ma il problema". Sono passati pochi anni e lo stato non è più il problema ma il salvatore. D'improvviso la vecchia fiducia nel risparmio delle famiglie, base sicura della tenuta economica, si rovescia nell'indebitamento senza fine. Uno come me che segue a stento le vicende economiche elementari, del tipo chi scende e chi sale, chi è più ricco e chi è più povero, si è accorto che qualcosa stava cambiando quando la sua banca ha improvvisamente trasformato gli impiegati in procuratori di affari, e i direttori di filiale d'improvviso hanno dato nuove direttive: non state in ufficio a poltrire, andate nelle case e negli uffici, trovate i nuovi clienti, offrite nuove opportunità di rischio e di guadagno. I bravi dipendenti sono usciti, hanno moltiplicato per mille gli acquisti senza copertura necessaria, i titoli spazzatura.

Il colpo di stato dei manager

Due rivoluzioni hanno cambiato il mondo. La rivoluzione plutocratica, che ha fatto del denaro l'unica indiscutibile unità di misura della nostra vita, accettata e rispettata anche da coloro che il denaro non ce l'hanno; e il colpo di stato dei manager, quelli che manovrano il denaro e le tecniche. Con il colpo di stato dei manager il fine dell'impresa non è più la crescita dell'occupazione e la qualità dei prodotti e dei servizi: più dividendi, più valore delle azioni e i manager al potere al posto dei vecchi proprietari, i CEO, gli onnipotenti manager padroni dei consigli di amministrazione il cui scopo, quasi divino, è l'aumento del valore. I manager che non decidono gl'investimenti a lungo periodo per la crescita generale di ricchezza, ma che perseguono i profitti a breve termine trasferendo all'esterno dell'azienda funzioni che prima rientravano nelle spese generali. Con il ricorso sistematico ai consulenti, che badano unicamente a far sottoscrivere nuovi imbrogli, anche se si è certi che non verranno onorati dai sottoscrittori. Vendere e continuare a vendere, anche i titoli spazzatura, pur di assicurare ai manager nuove stock option, cioè nuovi premi per l'aumento del valore, stock option che i manager si assegnano con il consenso dei consiglieri di amministrazione, comprati, come al tempo dei padroni, con qualche gettone di presenza, i consigli di amministrazione, distratti o corrotti con le briciole che gli vengono dal grande banchetto. Il tutto, ha scritto in un suo saggio Giulio Sapelli, sorretto dal mito del lusso, dell'ostentazione della ricchezza. Con la rivoluzione plutocratica i ricchi hanno perso anche l'ansia e i rimorsi della ricchezza immeritata. La ricchezza come dato di fatto, come nuova gerarchia, vince ogni ostacolo, si stende, come un tappeto morbido e spesso, sopra ogni dubbio e opposizione. I grandi manager hanno come unica etica quella del denaro, del valore, da mettere assieme a tutti i costi. In tutti i giornali in cui ho lavorato a ogni cambio di manager il nuovo arrivato provvedeva al suo personale aumento del valore cambiando tutti i fornitori: della carta, degli inchiostri, delle macchine per comporre, da tutti ottenendo profitto. E quando ebbi per editore un ente di stato il manager di turno, appena insediato, ordinò una nuova rotativa a colori, costosissima, assecondato dai tipografi, tutti per una politica di sviluppo. Un tempo i grandi manager venivano venerati come i signori dei destini aziendali, gl'infaticabili, geniali costruttori di aziende giganti. Di quel mitico tempo è rimasta una retorica militaresca. Ci sono manager che si addestrano in campi militari per imparare le tecniche di sopravvivenza. Sono quelli che dicono ai dipendenti che "Le idee migliori sono quelle che vengono quando si è pieni di adrenalina". Il capo della Bmw Usa correva con i colleghi su un asfalto bagnato e scivoloso, molti frequentano i corsi di tuffi nel vuoto, legati a un elastico che li risolleva dal baratro. Il CEO Nardelli, il manager che ha accompagnato la Chrysler "fin sulla porta dell'obitorio", aveva ordinato uno studio su trecento dirigenti, arrivando alla scoperta, non sbalorditiva, che "la capacità dirigenziale dipende da due cose: la rapidità delle decisioni, e la presenza in azienda". Ai grandi manager piace, naturalmente, muoversi nel mercato globale, senza confini, ma purtroppo anche senza regole. Questo mercato globale, descritto come la panacea di tutti i mali economici, purtroppo si adatta benissimo alla corruzione globale, alla crescita delle alleanze criminali e parentali. La grande crisi ha moltiplicato le paure e alimentato i desideri: è il cane che si morde la coda.

In questo mondo delle informazioni e delle macchine intelligenti non si sa mai niente di sicuro. La crisi economica c'è? È recessione o depressione? Meglio o peggio di quella del '29? Non si è ancora capito bene. Vado in Valle d'Aosta per uno dei ponti vacanzieri. Tutto pieno. I prezzi sono calati? Ma no, raddoppiati o quasi. Nel ristorante di Verrès, dove si pranzava per venti euro, oggi il minimo è quaranta, tutti gli attrezzi dello sci carissimi, un paio di scarpette da fondo sui duecento euro. Ai miei tempi erano scarpe di cuoio normali, solo con gli orli della punta allargati, per premerci la leva degli attacchi. Adesso in plastica, a forma di sommergibili atomici, modellate sul piede con il poliuretano espanso. I miei figli, i figli dei miei amici, tutti, hanno imparato a sciare da noi genitori, come noi dai nostri. Oggi i nostri nipoti vanno tutti a scuola di sci, che noi delle città alpine ci saremmo vergognati, come di rubare il pane a tradimento, si diceva. I tempi sono cambiati: ai nostri si andava in salita a piedi sulle piste degli slittoni del fieno, ma era meno divertente che con gli skilift? Siamo dentro una crisi economica che per trovarne una simile bisognerebbe tornare ai tempi di Augusto. Ricorre sui giornali la ferale notizia: il quaranta per cento degli italiani non arriva alla quarta settimana del mese, quasi la metà della popolazione è vicina alle soglie della povertà. Purché si aggiunga che la povertà di oggi è la nostra ricchezza di ieri, che, a dir le cose come stanno, il livello medio di vita delle società consumistiche è troppo alto per essere conservato. Quando ero ragazzo in casa nostra, la casa di una famiglia borghese media, non c'era il telefono, non c'era il bagno, non c'erano né automobili né motociclette, non si cambiavano gli abiti a ogni stagione, e il corredo che durava una vita era normale per la ragazza da marito. Non si mangiava carne tutti i giorni, non si andava a ballare tutte le sere e la canzone più in voga era *Se potessi avere mille lire al mese*. Non eravamo soddisfatti neppure allora del nostro stato sociale ed economico, ma pensavamo di essere finalmente usciti da un passato di sacrifici e di miseria. Quello che ci spaventa nel presente tecnocratico e consumistico non è solo la povertà, ma le crescenti complicazioni della vita. Ciò che mi spaventa nel presente tecnocratico e consumistico è la progressiva riduzione, fino alla scomparsa, di un minimo di autonomia individuale. Sugli schermi di una televisione che ha milioni di abbonati appare un annuncio: "I seguenti canali saranno interrotti. Per riaverli ri-sintonizzate il vostro decoder". Mi chiedo: come si fa a ri-sintonizzare il decoder? Non resta che chiamare l'omino della televisione, quello che vende e aggiusta le televisioni. C'è l'omino della televisione, come l'omino dei computer, dell'elettricità, dell'automobile, della lavastoviglie, di tutto ciò che ti è indispensabile, senza il quale non sai più vivere. E allora capisci il colossale ricatto dell'economia consumistica moderna. Non solo si moltiplicano i consumi non necessari, ma diventano un vizio di cui non ti puoi più liberare, per cui ti devi indebitare. La manutenzione come una rete nuova e senza fine, di cui non puoi più liberarti, una divisione della società in tante isole specializzate e incomunicanti. E anche la crescita universale dei desideri, gli omini indispensabili per questo o quel consumo, si pensano come classe dirigente, tutti vogliono la ricchezza subito e con ogni mezzo. L'idea che il denaro, e solo il denaro, è lo scopo della vita si diffonde. Dicono che la cultura dei manager, dirigenti del consumismo universale, sia militare, che essi abbiano ereditato e continuato la cultura militare del riarmo continuo, del nemico onnipresente, della conquista indispensabile per la sopravvivenza. Dei militari, i manager continuano anche i privilegi e la solidarietà di casta. E anche le ipocrisie.

I banchieri e la finanza hanno esagerato, dice il ministro dell'Economia Tremonti, perché non c'erano regole. I banchieri come il re Mida trasformavano in oro tutto ciò che toccavano. Ma a chi gli chiede di dettare le nuove regole risponde: "Non si può fare in otto ore ciò che non è stato fatto in otto anni; non si può guarire di colpo una comunità finanziaria profondamente scossa dalla crisi". I derivati, ammette il finanziere Warren Buffet, sono l'equivalente delle armi di distruzione di massa. Tutti improvvisamente sono rinsaviti, ammettono la fine del laissez-faire, la necessità di nuovi controlli delle aziende e delle loro azioni. Secondo alcuni siamo al capitalismo tecno-nichilista, le società avanzate hanno creato un soggetto sociale sempre più adolescente, che esce da casa, vive l'ebbrezza di essere lontano dallo sguardo dei genitori e crede che la libertà consista nel fare quello che si vuole, ignorando che la libertà consiste nel sapere che ci sono dei limiti.

Oggi tutti vogliono essere liberi, ma la libertà non può essere disgiunta dall'etica, dalla responsabilità, dal rispetto delle libertà altrui. Chi gestisce questa finta libertà, dice il sociologo Mauro Magatti, è irresponsabile. Mi è sempre parso molto significativo che Silvio Berlusconi abbia scelto il termine libertà per contrassegnare i suoi seguaci, il suo popolo. Gestire il discorso sulla libertà significa gestire l'egemonia; la cultura tecno-nichilista ha degli effetti sui suoi seguaci, e così si capisce che Silvio possa dire alle giovani donne ambiziose "Sposatevi un miliardario", o che abbia gestito in grande il mito del mignottificio delle veline, delle attricette che d'improvviso accedono alla ricchezza.

L'economia attuale è: fare tutto quello che sta in piedi ignorando ogni questione di sostenibilità.

Soffocati dal lusso

Mi è capitato di essere ospite di un hotel cinque stelle L, che vuol dire lusso, e di rendermi conto che il lusso, anche quello vincente, ammirato, dichiarato, esposto, sicuro di sé che sta segnando l'attuale era globale non fa per me. Per questi motivi. Il primo è il crampo, non dico dell'avarizia, ma di chi rispetta il denaro e teme la povertà come *imago mortis*. Un crampo delicato, tenue, ma che ti segue da quando sei nella hall del cinque stelle L a quando approdi tra soffi di porte dorate e ascensori bomboniera nell'appartamento – attento a non chiamarlo alloggio, *logis*, alla piemontese – grande più di casa tua in città. E già tre cameriere stanno aprendo le tende bianche, spesse e morbide come un mantello regale, sul paesaggio bellissimo, unico al creato della "divina costiera" che ti blocca il respiro al pensiero che dovrai vederlo ogni giorno e dire "sembra una cartolina", come si dice al tuo paese fra la gente comune. La tv. Dove è la tv? Un maggiordomo, come intuendo il tuo pensiero si avvicina a una libreria antica, con i volumi rilegati in rosso porpora, sfiora con una mano un volume e la libreria si apre sullo schermo opalescente. E il telecomando? È lì sul tavolo accanto al vassoio di ciliegie rosse, carnose e morbide come dal fruttivendolo di via Montenapoleone a Milano dove le impacchettavano nella carta argentata come fossero gioielli. Non chiedere come si accendono o spengono le decine di lampade con l'abat-jour di pergamena, non riuscirai a capirlo per tutto il soggiorno. Il crampo al pensiero del mucchio di denaro che se ne va a ogni secondo di soggiorno nell'hotel a cinque stelle L ti ritorna prepotente quando arrivano i camerieri del servizio in camera, tre, del luogo diresti, magri e belli come il *Monello* di Vincenzo Gemito. Quando se ne vanno ti getti sul letto, stanco per il viaggio, ma è un letto alto e grande come quello del Re Sole, e sul tavolino c'è una bottoniera dorata con indicazioni comprensibili solo per gli habitué del lusso di cui Giulio Sapelli ha scritto: "Sempre più numerosi sono i fautori di una società basata sulla glorificazione del lusso, mai vertiginoso come in questi anni. Intendiamoci, la presenza e il mito del lusso hanno sempre accompagnato la storia delle comunità umane, ma è l'ostentazione che oggi li caratterizza". È proprio questa ostentazione che, assieme al poco rispetto per il denaro guadagnato con fatica, m'insegue con i suoi crampi delicati ma insistenti, con la scoperta del superfluo in un palazzo dove si aprono saloni dominati da busti di imperatori romani seguiti da scale e scalette prive di senso, verso una cappella con altare, da cui si passa a giardini pensili in cui si muovono giardinieri in divise turchesche, qui un piccolo bar, là un mini ristorante, dovunque cascate di fiori e d'improvviso l'azzurro di una piscina in cui stanno tuffandosi due giovani clienti, nordiche si direbbe dal pallore del corpo e il biondo dei capelli. I clienti del super lusso sembrano tutti come assopiti nel loro superiore benessere, sdraiati su lettini candidi sotto i rami di una limonaia, serviti di bevande da camerierine locali, l'orecchio a un telefonino da cui arrivano voci da Stoccolma o da New York. Ogni tanto, a prova che esiste il resto del mondo arrivano dei botti sordi, le mine delle cave che sulla montagna celeste preparano nuovi nidi d'angelo. Domani si torna in città, nei suoi fragori e nei suoi fetori. Se dio vuole.

La glorificazione del lusso, mai vertiginoso come oggi, coinvolge oligarchi, principesse e stelline, e l'intero mondo della televisione. Il lusso e l'elogio della disuguaglianza sono accettati dalla democrazia, non abbiamo più bisogno di leggi suntuarie e neppure delle rivoluzioni pauperiste. Il lusso ha sorpassato la ricchezza, è diventato norma quotidiana, le classi alte lo ostentano senza ansia, ignorano il senso di colpa freudiano, riescono a convivere con la povertà e con il genocidio. In Berlusconi questo è evidente, mentre i Crespi, i Pirelli, gli stessi Agnelli avevano il pudore della ricchezza e della sua esposizione, sapevano di essere guardati con rabbia e odio dagli operai. Berlusconi sa che gli operai lo guardano con simpatia e invidia, vorrebbero essere come lui, gli perdonano ogni peccato che anche loro commetterebbero. Un modo di superare la lotta di classe è stato il calcio, non a caso finanziato dai ricchi, dal presidente miliardario della squadra di calcio, applaudito e amato dai disoccupati e dai poveracci.

Con i titoli spazzatura a forte rischio ma ad alti interessi si è diffusa tra i risparmiatori anche poveri una mentalità da giocatori di poker, è aumentato il numero di giocatori d'azzardo, il consumo illimitato fondato sull'indebitamento. Ma consumo di che? Di cibi e di oggetti di infima qualità. Allora era meglio nella vecchia società la dote duratura e preziosa del corredo da sposa, dei regali di matrimonio, il servizio di piatti e l'argenteria da conservare per la vita e lasciare ai figli.

Tutta colpa del capitalismo?

L'editore Teti mi manda l'ultimo numero di "Marxismo oggi", rivista di cultura e di politica, che per centosettanta pagine si occupa della crisi del capitale e del ruolo dei comunisti. Uno studio del Moloch che è il capitalismo mondiale in tutte le sue varianti naziste e bonapartiste, di autoritarismo morbido e di feroce repressione degli sfruttati e la conferma, fornita dall'attuale crisi economica, che il capitalismo è soggetto a crisi cicliche. Interventi meditati, colti, ricchi di informazioni e di idee. Ma con una lacuna non secondaria: che rapporto c'è fra il Moloch che si divora il mondo e gli uomini, fra il dio denaro, colpevole delle nostre servitù e delle nostre sofferenze e questa nostra progenie che continua a moltiplicarsi e a occupare mari e monti al punto che non sappiamo bene se ci sarà abbastanza aria da respirare, acqua da bere, terra da coltivare? Le bieche trame del capitale sono note a tutti: dopo avere per avidità esagerato nella superproduzione, dopo aver spinto l'umano genere al consumismo più dissennato, dopo aver venduti per buoni migliaia di titoli spazzatura, ora, a disastro avvenuto, cosa fa? Riduce la classe operaia a un immenso precariato, e dato che è sovrabbondante ne fa strage con i licenziamenti di massa. Gli effetti del suo governo o della sua anarchia sono sotto gli occhi di tutti: ricchi sempre più ricchi e sempre più protetti da una giustizia di classe, e poveri sempre più impotenti e ignoranti degli strumenti del potere. Tenuti a bada da dittature morbide, da democrazie autoritarie. Appagati dall'imbonimento televisivo, in ammirazione del trionfo del lusso sempre più esibito, pronti a votare i sultani di turno, a trovarli persino belli e simpatici nel piacere di servire. L'orrendo capitale! Il Leviatano che ci divora, l'idolo che ci allontana da Dio. Ma noi, i miliardi di uomini, quelli a cui, forse incautamente, il Signore disse crescete e moltiplicatevi, noi che abbiamo fatto nei millenni? L'altro giorno mi è capitato di percorrere in auto la strada che da Amalfi sale ai mille metri del valico che dà sulla piana napoletana e sul Vesuvio. Stupenda la montagna, la strada serpentina, il bosco fitto e profumato, laggiù lo splendore del mare. Un'ultima sosta prima del valico, un'ultima occhiata a quel paradiso terrestre e poi, di colpo, iniziata la discesa, la visione infernale della megalopoli sterminata, la colata di tetti e di case che ricopre le pendici del vulcano, riempie il litorale, si spinge grigia e puzzolente a nord a perdita d'occhio, e noi ci stiamo scendendo dentro, in un quartiere che si chiama Agri dove si procede a passo d'uomo alla maniera nostra di un'auto che sperona l'altra e solo all'ultimo istante frena. Brutta, bruttissima bestia il capitale, ma noi, le scimmie feroci che hanno riempito il mondo, noi siamo innocenti, incolpevoli? Il piacere di servire ce lo ha imposto il capitale? Gli applausi e il consenso che tributiamo a tutti i piccoli tirannelli nostri e d'importazione ce li ha imposti il capitale? E le mode. Anche l'indecenza del nudo indecente che regna nei luoghi pubblici? E la voglia irresistibile di rubare per cui non c'è pubblico ufficio, partito politico, associazione umanitaria, congregazione religiosa dove prima o poi non si rubi? Il capitalismo è malvagio e ladro, ma il ritorno dei coltelli fra i giovani, gli stupri come nei saccheggi del mondo antico, i vandalismi senza ragione, le regole barbare delle mafie, il mignottificio trionfante, tutto è colpa del capitale?

Criminalità globale

Vivere di paura

Per gli italiani, come per gli uomini in genere, la vita è fatta di paura.

La paura ha sostituito le ideologie e le utopie. Avere paura di qualcosa, reale o meno, è una conferma esistenziale: qualcuno sa che ci siamo, qualcuno ci vuole male. Ci sono stati periodi in cui alcune paure erano dominanti: la paura della guerra, la terribile guerra antica delle spade e dei feriti abbandonati sui campi di battaglia. Poi la paura delle guerre di religione e delle persecuzioni razziali. Ora, a parte la paura della morte, non ci sono più grandi paure, ma una mescolanza di varie paure che spaziano dal geologico al meteorologico, dall'ecologico all'alimentare. Come se stessimo dissotterrando tutte le paure vere o discutibili, reali o immaginarie, del nostro passato. L'amianto, per esempio. Nel regime fascista l'amianto era considerato come il più sicuro e duttile degli isolanti, lo usavamo sui tram, negli uffici, dovunque. Nella mia città, per una visita del Duce servì a erigere facciate di palazzi inesistenti sul percorso che avrebbe seguito, e anche finti tripodi. Ora la paura dell'amianto cancerogeno dilaga, interi treni avvelenati dall'amianto sono stati parcheggiati su binari morti. Non molto tempo fa le condotte elettriche erano qualcosa di rassicurante: tracciavano nelle campagne, sulle montagne, la rete dell'energia, ci piaceva che sopra le nostre teste passasse quella forza amica. Adesso quartieri e villaggi formano comitati di lotta contro la paura dei campi magnetici, che provocano le peggiori malattie, cancri, leucemie e simili morbi, anche se non se ne ha la prova certa. La paura non ha bisogno di prove, si nutre di se stessa, inventa pregiudizi e superstizioni. Prendiamo la paura del comunismo che non c'è più, che è retrospettiva ma dominante presso i conservatori. La paura retrospettiva è quella fornita da un revisionismo storico che immagina il comunismo sempre sul punto di scatenare la rivoluzione. Non importa che l'Italia dopo la Seconda guerra mondiale sia una provincia dell'impero americano, presidiata da basi militari americane, riconosciuta universalmente come parte integrante dell'impero occidentale. Non passa giorno senza che la stampa moderata ricordi con brividi di paura la quinta colonna comunista. La politica vive di paure: la destra della sempiterna paura del comunismo, la sinistra dell'incombente paura dell'autoritarismo, difficile dire se in Italia sia più numeroso il popolo della paura o quello del coraggio, anche perché tra l'uno e l'altro c'è una trasfusione continua di coraggiosi che diventano paurosi e viceversa. Di certo il popolo della paura non ha mai avuto simpatia per quello del coraggio, ha sempre preferito "la pace dei vescovi".

I mostri di casa

Abbiamo paura dell'"uomo nero", cioè del mostro che vive nelle nostre case, nelle nostre città. Il mostro assassino dalla faccia rotonda, piatta, da uomo della steppa asiatica. Cammina, nelle fotografie dei giornali, tra due carabinieri che sembrano trascinarlo al patibolo, dove porrà fine alla sua vita infame senza lacrime e senza pentimenti. I buoni italiani pensano che sia il demonio, i pii veneti si segnano e pregano il buon Dio che lo faccia scomparire, i parroci del Trevigiano fanno suonare le campane a martello, come per una liberazione dal Maligno. Qualcuno lo farebbe a pezzi, altri lo vorrebbero a spaccar pietre sotto il sole sul greto del Piave. Uno, di nome Naim Stafa ha massacrato con il suo complice i portinai di una villa, colpevoli di non aver la chiave della cassaforte, gli ha rotto le ossa con un cacciavite, i due erano carichi di odio e drogati. Milioni d'italiani guardano sui giornali il volto piatto, rotondo, asiatico dell'assassino arrivato dall'Est, e compiangono le vittime. Il vicesindaco di Treviso Giancarlo Gentilini ha dichiarato: "Io sono per la pena di morte, questi non sono uomini ma bestie". Ma ad alcuni non basta: "Pena di morte? Troppo poco". Che cosa vogliono? Forse la morte con tortura sul rogo. Ci sono storie atroci nella criminalità globale: una giovane albanese viene trovata morta in un bosco sopra Lecco. Un giorno il marito-padrone l'aveva venduta o affittata a un altro albanese, che l'aveva affittata a chissà chi per una festa in una villa della Brianza. Lei aveva acconsentito come una schiava, l'avevano drogata, uccisa e chiusa in un sacco. Ogni giorno guardando la televisione milioni d'italiani si trovano di fronte a questi orrori, un paese dove la vita e i costumi civili stanno insieme a infamie senza fine, come se esistessero due leggi, due modi di vivere e di pensare inconciliabili, che però s'incontrano nelle stazioni di polizia e nelle fotografie della cronaca. Due mondi separati: nel primo ogni piccola lacerazione viene guarita con i soldi, tacitata con i soldi, nell'altro ogni incontro, ogni dissidio può finire in un massacro, in uno stupro. È un brutto vivere in un brutto mondo.

Il paese che applaude i funerali

Perché gli italiani da qualche tempo in qua applaudono i funerali, specie di morti ammazzati? Esce dalla chiesa parrocchiale il feretro portato a spalle dagli inconsolabili parenti o amici, e dalla folla parte un applauso. Come gran parte del costume contemporaneo anche questa novità arriva dalla televisione, o per essere più precisi dalla televisione partecipata cara alla pubblicità, la televisione in cui gli spettatori si trasformano in attori o testimoni. Si è cominciato con il presentatore che risponde alle telefonate di sconosciuti con la formula rituale della partecipazione: "Lei come si chiama?". "Giovanni." "Giovanni da dove?" "Da Olgiate Comasco." "Dica Giovanni." Un nome, un luogo e un'immagine fluorescente diventano una persona in carne e ossa, che i concittadini riconoscono e di cui parlano. Perché gli applausi? Una risposta di comune cinismo potrebbe essere: "Perché, come si usa dire, chi muore giace e chi vive si dà pace. Applaudo il morto perché non è toccato a me, perché sono vivo". O anche: "Guardate telespettatori come siamo civili, come siamo solidali". La televisione è stata davvero la scoperta più sbalorditiva, la rivoluzione più dirompente dopo i millenni della tradizione. Ha riempito la nostra vita d'immagini, suoni, e frastuoni, ha sostituito il silenzio e la meditazione con gli imbonimenti e la concitazione, ha sostituito le ideologie di classe con la cultura unica del bestseller. Perché gli italiani applaudono i morti? Forse perché i morti, specie i morti ammazzati, vengono in qualche modo confusi con i caduti di una nuova guerra, non dichiarata ma in corso tra noi del Sacro Romano Impero e i nuovi barbari che premono alle nostre frontiere, la marea che sale e non si riesce a frenarla, gli stranieri, gli "uomini neri" che insidiano i nostri beni, la nostra sicurezza, in arrivo dal deserto dei tartari, dal mondo sconosciuto. Chi sono esattamente? Non lo sappiamo, ma sappiamo che sono barbari sconosciuti "che parlano una lingua dell'Est", come gli unni di Attila o i mongoli di Tamerlano. E di fronte agli italiani che applaudono i morti come i caduti di una guerra non dichiarata ma in corso, mi viene l'idea che ci sia un altro movente oltre la partecipazione e la pietà, un movente antico, sotterraneo ma crescente, qualcosa che si lega in qualche modo alle guerre di civiltà, dei poveri che invadono le terre dei ricchi. I segni di questo ritorno non mancano o comunque vengono colti come tali: i pirati somali che sui loro barchini muovono all'assalto delle nostre navi, i ribelli filippini o nigeriani che sequestrano i nostri missionari e i turisti, i commercianti e gli uomini d'affari. È la loro estraneità che chiama diffidenza e paura. L'"uomo nero" di oggi è il giardiniere arrivato dalla Transilvania nella villa napoletana del "re del grano" Ambrosio, che uccide a sprangate i padroni senza ragione, per odio e paura incontrollabile. Dopo l'ultima guerra mondiale, l'ultimo assurdo bagno di sangue credevamo che le guerre economiche e scientifiche fossero un'altra cosa di quelle con i fucili e i cannoni. Ci eravamo sbagliati o illusi: la guerra è già ripresa, e il ritorno dei fascisti estremi e dei nazisti in ogni paese bianco non è soltanto una moda perversa.

Nella criminalità italiana compare una nuova voglia di ferocia. Il 18 settembre del 2008 nel Casertano il clan dei Casalesi, camorristi di Casal di Principe, fanno strage di immigrati africani, ne uccidono sei a colpi di mitra, giovanissimi, il più anziano aveva trent'anni. Perché? Perché disturbano il mercato della cocaina, bisogna fargli capire che non devono intralciare il commercio più redditizio. Vengono arrestati alcuni esponenti del clan, come Giuseppe Setola, Michele Bidognetti, Francesco Schiavone, ma il controllo camorrista sul territorio resta totale, domina gli appalti dei lavori pubblici, le estorsioni, i finanziamenti statali: una montagna di denaro che viene reinvestita nel commercio della droga. I verbali d'interrogatorio di uno dei Casalesi sono agghiaccianti:

"Una volta caricate le armi ci riunimmo tutti nel garage. Qui Setola chiese a Granato dove saremmo dovuti andare. Davide ci disse che ci avrebbe portato in un locale di Lago Patria, dove se la fanno 'i niri'. Fu allora che Setola spiegò il suo piano, avremmo finto di essere carabinieri, di eseguire una perquisizione e poi, una volta entrati, avremmo ammazzato tutte le persone presenti. Indossammo quindi le casacche, prendemmo anche una paletta dei carabinieri e il lampeggiante. Controllammo che funzionasse e ricordo che fummo visti, o almeno credo, dai vicini di casa. Salimmo a bordo della Fiat Punto grigia quattro porte con il motore modificato. Cirillo alla guida, Setola al suo fianco, io dietro Cirillo, Letizia alle spalle di Setola. Tutti e quattro indossavamo le pettorine. Granato da solo ci precedeva a bordo dell'Honda Cbr blu poi sequestrata. Ci condusse sul luogo ove fu consumata la strage, posto che nessuno di noi conosceva. Si fermò, scese dalla moto e indicò il luogo [...] Granato non aveva dato spiegazioni [...] Non sapevamo neppure di che nazionalità erano le vittime. Il piano era preciso. Tutti noi, con l'esclusione di Cirillo che doveva rimanere alla guida, dovevamo uccidere i presenti, qualunque fosse stato il loro numero. Non dovevano rimanere testimoni. Prima di uscire di casa e partire per la missione Granato Davide chiese cosa dovessimo fare qualora nel posto ci fossero state delle donne e dei bambini. Setola rispose che le donne sarebbero state anche loro uccise, mentre se ci fossero stati dei bambini avremmo dovuto soprassedere. Setola uscì per primo con la pistola [...] vidi cadere due nigeriani davanti a una 145 [...] Sia io che Letizia sparammo tutti i colpi contenuti nel caricatore delle nostre armi. Letizia utilizzò due armi simultaneamente sparando sempre nella direzione della sartoria [...] Vidi con certezza due persone cadere all'interno [...] Era un locale di modeste dimensioni, sparai scaricando tutto il caricatore, proprio mentre due persone stavano saltando come dei delfini, finendo uno sull'altro. Dopo aver consumato la strage tornammo tutti alla base. Ci impiegammo sette o otto minuti, a una velocità di duecento/duecentodieci chilometri all'ora. Una volta giunti a casa, Setola ricaricò le sue armi e si complimentò con noi per il bel servizio".

La finanza dei Casalesi ha regole precise: il ricavo delle estorsioni va alle spese correnti, gli stipendi per la manovalanza, per i killer e i raccoglitori del pizzo, poi viene il finanziamento delle famiglie degli arrestati, la corruzione degli impiegati comunali e dei poliziotti. Il controllo del territorio da Casal di Principe a Castelvolturno è totale, anche dal carcere i camorristi continuano a dirigere le operazioni. C'è chi spiega le ragioni di questa ferocia crescente nella sua rappresentazione continua da parte dei giornali e della televisione. In realtà il male non lo creano i media, le ragioni sono altre: ancora la paura di quanti vivono di violenza e di paura, di quanti uccidono perché temono di essere uccisi. Gli studiosi fanno risalire questa ferocia al momento della nascita, alla rottura delle acque amniotiche, alla violenza del parto. Dicono gli psicanalisti: per difenderci dalla ferocia e dalla violenza, proteggiamo i nostri corpi, mettiamoli in sicurezza.

Rubare comunque

La criminalità italiana del terzo millennio è sotto il segno di una avidità totale, di una voglia di rubare comunque, in qualsiasi affare, in qualsiasi commercio, rubare su tutto. In Toscana c'è una banda specializzata in furti di strumenti da dentista. A Viareggio nella notte del 20 maggio 2007 i ladri entrano in cinque studi dentistici, in uno del centro hanno fatto sparire un plateau di dieci trapani, in un altro anche le lampade per otturazione. Gli strumenti dei dentisti in Italia sono registrati con un numero di matricola, ma i ladri li esportano nei paesi dell'Est, dove non ci sono controlli. Rubano in grande le cliniche. A Milano, nella clinica Santa Rita le direttive sono precise: operare comunque, anche senza necessità, anche a rischio di uccidere il paziente. A un ammalato basterebbe un po' di riposo? Gli tolgono mezzo polmone. Gli ammalati di cuore corrono gravi rischi con l'anestesia totale? La praticano comunque e quattro non si risvegliano più. La salute dei pazienti viene dopo l'aumento degli incassi dagli enti assistenziali, ci vuole una richiesta alla magistratura di centosessanta pazienti perché si ponga fine ai delitti dei medici. Si ruba normalmente anche nei pubblici uffici. Le principali città italiane si autofinanziano con le multe illegali: millequattrocento multe l'ora in una città, triplicate le spese per gli accertamenti in un anno da settecentocinquanta milioni a due miliardi.

Quando era al governo Andreotti lo stato conviveva con la mafia. Lunardi, il ministro delle Opere pubbliche, diceva che "con la mafia bisogna pure convivere". Totò Cuffaro, eletto presidente della regione Sicilia anche se indagato per concorso in associazione mafiosa, non si è mai seriamente preoccupato di fare arrivare nella regione l'acqua potabile: alcuni dicono che non bisognasse disturbare la mafia e la sua rete di forniture idriche. La stampa governativa dopo ogni elezione smentisce chi accusa la mafia di aver ancora un potere condizionante, ma nessuno spiega come nelle elezioni regionali del 2001 sessantun circoscrizioni su sessantuno sono toccate a Forza Italia.

La struttura della società mafiosa è un mistero solo per chi, essendone complice, finge di non vederla. Prendiamo il caso dei rifiuti industriali. L'industria che li produce non sa come smaltirli a basso costo, è inevitabile che chieda o accetti la collaborazione delle mafie. Sappiamo cosa è accaduto a Napoli e nella Campania: i terreni agricoli e il sottosuolo urbano sono stati riempiti di veleni. La complicità dello stato è indispensabile: amministrazioni pubbliche e forze di polizia devono partecipare. La prova? Nel fatto che l'operazione è avvenuta, che le burocrazie e le polizie statali l'hanno subìta e in parte assecondata. Ci vuole anche la complicità dell'informazione, e infatti giornali, radio e televisioni raccontano d'interi apparati statali, ultimo quello del Molise, coinvolti nel ladrocinio, ogni volta fingendo che questa collaborazione sia casuale, e non sistematica. A Napoli e in Campania si racconta come cosa notoria che al piano alto dell'operazione ci stanno anche alti ufficiali e alti funzionari comunali e regionali. La scoperta che anche gli alti servitori dello stato possono essere complici della delinquenza o della sovversione, noi italiani l'abbiamo fatta in modo traumatico negli anni del terrorismo e delle trame nere, quando abbiamo saputo che anche prefetti e questori potevano partecipare a operazioni illegali, nascondere le prove, tacitare i testimoni, favorire i potenti e i loro affari. Si è costituito un tessuto mafioso parallelo o sovrastante quello legale. A Napoli si è scoperto che la camorra era presente in tutti i lavori per la nuova litoranea, da Palazzo Reale allo stadio del calcio; per tutti i permessi e le modalità dei lavori c'è, documentata, la presenza della camorra, quasi sempre su carta intestata a un ente pubblico, scritta con i computer della regione o del comune. L'informazione eroica alla Saviano è meritoria ma sostanzialmente impotente di fronte a un apparato che unisce la delinquenza organizzata allo stato. Per portare a termine la gigantesca operazione dei rifiuti industriali e ospedalieri si è creata la perversa alleanza fra grande industria del Nord e organizzazione malavitosa locale, e ora l'avvelenamento del territorio non è più riparabile, tutte le norme igieniche e sanitarie sono state violate impunemente per anni. Si conoscono i nomi e i titolari delle società che hanno compiuto lo scempio, è di poco tempo fa la scoperta che il sottosuolo di Napoli, la Napoli dei cunicoli e delle grotte, è stato riempito di rifiuti. Per compiere il misfatto c'è voluta la complicità di centinaia di funzionari e anche di poliziotti tutt'ora in servizio, corrotti in due modi: con il denaro e con la vita salva, e magari con le informazioni camorriste grazie alle quali potevano far carriera arrestando spacciatori di droga o piccoli rapinatori. Oggi è impossibile nascondere l'amara verità: il sistema camorristico si è allargato a intere province, le centinaia di arresti, le operazioni *monstre* celebrate dalla televisione sono lì a dimostrare che il cancro malavitoso si è diffuso: un esercito di delinquenti che non si sa come arrestare e come custodire, riciclato in continuazione dagli indulti e dalle assoluzioni. Quanti decenni o secoli dovranno passare prima di uscire dal disastro?

L'Italia intera accetta l'inverosimile impostura di una mafia criminale separata e nemica dello stato legale. Il "papa" della mafia, Michele Greco è uscito dalla prigione per andare al cimitero senza dire una parola sulla sua vita di capo della Onorata Società, continuando a negare l'impossibile: "Nessuno può dire che mi sia *ammafiato*". Eppure è provato fuori da ogni possibile dubbio che ha diretto per anni la cupola mafiosa, ordinato omicidi e sequestri, diretto il commercio della droga. I capimafia muoiono senza parlare. Totò Riina e Nitto Santapaola sono scomparsi nel carcere di grande sicurezza rinunciando al bisogno umano di raccontare chi sono stati, che poteri hanno avuto. La mafia nega se stessa proprio quando si riafferma, ed è questa assurdità che la distingue da una organizzazione criminale comune, è una setta sacrificale. Questa è la ragione per cui anche un nemico, il più duro dei nemici come Giovanni Falcone, le ha riconosciuto una perfezione, al negativo, ma sempre perfezione. I capimafia in catene riaffermano il dogma della omertà mafiosa, indiscutibile, al confronto la fragilità degli "onesti", uomini politici o degli affari che siano, è totale. La mafia è cambiata tecnicamente: nei suoi impieghi finanziari, nei suoi affari, ma i suoi valori restano intatti, valori da società segreta, a metà tra l'associazione criminale e la confraternita religiosa. I capi mafiosi che tengono in casa altari e immagini sacre, che credono nella religione, sembrano paranoici, ma in sostanza riaffermano una normalità criminale, affermano che anche nel loro mondo underground si può cercare l'illusione e il conforto della religione. Per la borghesia degli affari il conto in banca è qualcosa di più che l'arricchimento: è una stella polare, la giustificazione dei peccati. La fedeltà alla "organizzazione", come la chiamava il padre di Corrado Alvaro, il rispetto assoluto del silenzio mafioso, sono orrendi, ma diversi dalla delinquenza comune. È una separatezza di cui cerchiamo spiegazioni antiche, storiche e antropologiche: gli invasori stranieri arrivati nell'isola da ogni parte del mondo antico: greci, fenici, latini, normanni, arabi, svevi. La successione degli stati stranieri che la Sicilia profonda ha rifiutato e combattuto, rimane nella mafia, come una resistenza meritoria. Viviamo la mafia come un popolo di alieni, che ci sorprende per il suo modo di ragionare o di non ragionare. Gli storici, i magistrati, i sociologi che la studiano si chiedono come sia possibile che decine di migliaia di persone abbiano introiettato nei secoli una così invincibile diffidenza verso ogni tipo di stato introdotto o imposto dai dominatori stranieri. I comportamenti di una famiglia mafiosa, come quella di Riina, sembrano inseguire un continuo e desiderato sacrificio, un oscuro desiderio di morte. Il figlio di Riina ventenne è già stato condannato all'ergastolo, la moglie di Riina Antonietta è tornata a vivere a Corleone, come se questa fosse la sua Gerusalemme, la sua città sacra e insostituibile. Gli studiosi della mafia sono tentati di scambiare la "cupola" per un consiglio di amministrazione, ma è qualcosa di diverso: è l'incarnazione del rifiuto delle altre società, un'incarnazione che si nutre di pene e di sofferenze più che di piaceri e di sprechi. Quasi tutti i capi mafiosi sono ammalati di cuore o di reni, corrosi dalle ansie e dai fantasmi dei loro delitti.

Nelle terre di mafia, quanto a dire in alcune delle regioni più popolose d'Italia, la condizione della donna è arcaica, barbara: la donna è schiava, sottomessa a regole feroci nell'amore, nei sentimenti e nel sesso. Proibito praticare sesso orale con una donna: "È da cani, non devi diventare cane di nessuno". Nelle mafie sudamericane e asiatiche il sesso orale e i congiungimenti anali sono puniti con la morte; i nostri mafiosi dicono: "La lingua serve per bere, non per fare l'amore". In quasi tutti i paesi di mafia il sesso non può sottrarsi alla gerarchia del potere maschilista e al controllo territoriale, un controllo fondamentale. Il giovane Antonio Magliulo corteggia una giovane che è stata promessa a uno dei camorristi del clan dei Casalesi. Le fa qualche regalino, la aspetta a qualche *postegge*, appuntamento, a fine lavoro. Condannato a morte per strangolamento, soffocato riempiendogli la bocca di sabbia. Un altro giovane diventa l'amante della moglie di un mafioso in galera. Scomparso nel nulla. Solo i mafiosi anziani in galera possono permettere alla moglie di farsi un amante, ma fidato, spesso il prete della parrocchia o un parente. Tutte le donne vestono a lutto, di nero, perché quasi tutte hanno un morto di lupara in famiglia, le giovani hanno un intimo rosso o rosa. Se rimani vedova devi risposarti solo con il consenso dei figli maschi, e osservare i tre anni di lutto. Solo un grande capo mafioso come Antonio Bardellino poteva dire: "Non occorrono tre anni per superare la vedovanza, basta *'na nuttata*". Far l'amore è peggio che uccidere. Se uccidi la moglie di un capo forse ti perdonano, ma se la scopi sei morto. In terra di mafia tutto è legge terribile, sentimenti o passioni possono condannarti a morte.

L'ex sindaco di Palermo Leoluca Orlando, il capo siciliano della mafia Totò Riina, lo scrittore della sicilitudine Leonardo Sciascia, il generale dei carabinieri Carlo Alberto Dalla Chiesa ucciso dalla mafia perché la conosceva bene, Massimo Ciancimino, il figlio del sindaco mafioso di Palermo don Vito e altri esperti della Onorata Società hanno spiegato agli italiani che il problema della nazione non è il conflitto fra il legale e l'illegale, fra guardie e ladri, fra i capi bastone e le loro vittime inermi, ma il loro indissolubile patto di coesistenza. L'essere la mafia la mazza ferrata, la violenza che regola economia e rapporti sociali in province dove la legge è priva di forze e di consenso.

Eppure la maggioranza degli italiani non se ne vuole convincere, si rifiuta di crederlo, e quando il capo della mafia Totò Riina fa sapere che l'assassinio del giudice Paolo Borsellino è stato voluto o che vi hanno partecipato i tutori dell'ordine, ufficiali dei carabinieri o servizi speciali, il buon italiano si dice: è l'ultima scelleratezza di Riina, mette male nel nostro virtuoso sistema sociale. Se ci sono due scrittori siciliani che hanno larga e meritata popolarità nel paese essi sono Giuseppe Tomasi di Lampedusa, autore del *Gattopardo*, e Andrea Camilleri, i cui libri sono in testa alle vendite, salvo il libro migliore, uno dei primi edito da Sellerio in cui spiegava per filo e per segno i compromessi fra mafia e stato su cui si fonda l'unità d'Italia. Senza alcuna presunzione di avvicinarmi a questi maestri, vorrei umilmente ricordare ai miei connazionali le ragioni per cui il capo delle mafie Totò Riina ha potuto scrivere il famoso "papello" al capo del governo italiano per chiedergli, come ora ci fa sapere Massimo Ciancimino custode del documento, se, viste le buone relazioni correnti, il capo del governo non poteva mettere a disposizione della mafia una rete della televisione. Proprio come chiesero e ottennero la terza rete i comunisti quando condizionavano il mercato del lavoro. Massimo Ciancimino, il figlio del sindaco mafioso di Palermo, ha detto o lasciato capire che i carabinieri "nei secoli fedeli" si attennero nelle operazioni di mafia ad attenzioni speciali: clamorosa quanto rimasta senza spiegazioni credibili la mancata perquisizione della villetta in cui Riina aveva abitato e guidato per anni la Onorata Società. Del pari sono rimaste senza spiegazioni le accuse e le richieste di chiarezza mosse, quando era sindaco di Palermo, da Leoluca Orlando. Spiega Camilleri nel suo aureo libretto: i parroci sono persone oneste, ma sanno che a mettersi apertamente contro la mafia restano isolati, senza sussidi, senza ragazzi negli oratori. E i carabinieri? I carabinieri, specie quelli che arrivano da altre province, sanno che la loro vita è appesa a un filo, che un colpo di lupara può raggiungerli in ogni vicolo, in ogni tratturo. Non è naturale, obbligatorio che si creino delle tacite regole di coesistenza o di competenza?

Il ritorno dei coltelli

Ritorna la violenza arcaica, assurda nell'età delle armi di distruzione totale. A Roma migliaia di giovani tifosi, appassionati di calcio, vanno alle partite armati di coltelli, come i popolani fieri che piacevano allo Stendhal delle *Passeggiate romane*. Magari plebei e ignoranti, ma con un senso dell'onore virile, che la società dei consumi ha dimenticato. In occasione della finale della Champions League tra il Manchester United e il Barcellona la stampa inglese ha avvertito i tifosi del Manchester di fare attenzione ai luoghi romani dove la gente gira armata di coltelli, le strade di Campo dei Fiori e del ponte Duca d'Aosta. Roma, per gli inglesi è una "*stab city*", una città dei coltelli: "Guardatevi alle spalle, camminate in gruppo, non salite da soli sull'autobus". Nelle ultime cinquanta partite ci sono stati allo stadio Olimpico accoltellamenti. Addirittura la stampa inglese ha cercato di far spostare la partita in un'altra città, più sicura. La televisione viene giudicata responsabile di questo ritorno giovanile ai coltelli; la televisione onnipotente ha ormai una responsabilità in tutto ciò che accade, ma questa voglia di sangue e di ferocia non l'ha inventata lei, è una ferocia che ci portiamo in corpo.

E poi i delitti senza ragione. Da anni i giornali sono pieni di un delitto avvenuto a Garlasco, in Lombardia: il nulla che si fa crimine, un amico o un parente della vittima che passa un mattino, suona alla porta di una studentessa, viene fatto entrare, e la massacra. Gli eventi assurdi, incomprensibili, gratuiti, che in passato erano eccezioni, oggi sono la norma, si ha l'impressione di vivere un'epoca in cui il casuale, il privo di senso dominano. Perché siamo avvinti da questa irrazionalità che ci sovrasta, da questo male che ci circonda e per cui non c'è rimedio, che ci restituisce al mondo *homo homini lupus*, solo la certezza di vivere in una valle di lacrime e di sangue. Bisogna essere avanti negli anni e fragili per sentire il peso, il buio, di questa esistenza casuale e incerta. La giovinezza e la sua irragionevole fiducia riescono a vincere questa paura, per tutti gli altri non esiste più ragione o buon senso. Ma i delitti senza ragione interessano i lettori. Il quotidiano di Pavia ha aumentato le vendite quotidiane di tremila copie. Delitti senza ragione, incendi senza dolo, una vita sulle sabbie mobili, nella nebbia, nelle visioni immaginarie. Provando una certa vergogna inventiamo delle ragioni anche a ciò che ne è privo. Vedi gli incendi dei boschi, opera di piromani, cioè di maniaci, a cui cerchiamo una spiegazione razionale: incendiano, diciamo, per guadagnare terre alle colture o all'urbanizzazione. Ma non è vero, incendiano per vendicarsi del mondo, di un mondo che li ignora. Nella criminalità senza ragioni i delitti per imitazione si moltiplicano come in un'epidemia. Dal tempo dei soldati marocchini arrivati in Italia nella Seconda guerra mondiale non si era più parlato ossessivamente come ora di stupri, ora c'è un revival di quella grande paura per gli uomini neri arrivati dall'Africa, oggi, ogni giorno, nei parchi o nelle periferie, da soli o in gruppo, gl'immigrati, specie i rumeni, si gettano sulle nostre donne, come in antico quando il generale vincitore dava il permesso di saccheggio. Qual è il movente di questi stupri? Non il semplice sfogo sessuale, ma un risarcimento dall'isolamento, uno sfregio alla comunità italiana che li ignora, un segno di ritorno a una guerra non dichiarata ma già in corso.

Senza dimenticare la criminalità dell'industria. Si calcola siano almeno centomila le sostanze chimiche artificiali sul mercato tra detersivi, vestiti, vernici eccetera. Quante sono considerate nocive? Ci si accorge solo quando i danni sono evidenti, recentemente una multinazionale americana ha messo in vendita cosmetici pesantemente contaminati da metalli pesanti, ad esempio in borsette prodotte in Cina invece di venti parti di piombo per milione ce n'erano quindicimila, prevenire le contaminazioni è impossibile, la sola cosa da fare è bloccarle. Il mercurio nei pesci di grandi dimensioni, la diossina nella mozzarella, ogni giorno in Italia consumiamo sessantamila dosi di vernici avvelenate con il piombo nei giocattoli.

Poi c'è l'altra criminalità di cui si parla ogni giorno come di un doveroso sacrificio al progresso: i morti sul lavoro. Ogni anno, con soddisfazione dei sociologi, si dice che i morti sul lavoro sono diminuiti, siamo passati dai duemilacento ai duemilacinquanta. C'è una grande ipocrisia fra ricchi e poveri: i ricchi che premeditatamente mandano a morte gli operai che producono la loro ricchezza, e i poveri che per uscire dalla miseria sono pronti a giocarsi la vita. Infine i vandalismi, quelli che spaccano le vetrine, le panchine nei parchi, imbrattano i muri, tagliano gli alberi da frutto, avvelenano le sorgenti e devastano i treni. Fanno parte anche loro di una nuova grande industria moderna, l'industria delle pulizie dei rifiuti e dei veleni industriali che avvelenano il mondo.

Il piacere di rubare

Ogni giorno dal mondo arriva uno tsunami d'informazioni, spesso ripetitive, in quantità soffocante. A maggioranza misfatti e peccati mortali dei nostri simili, sicché la persuasione di essere uno dei loro, non sai se più malvagio o stupido, aumenta con perenne sgradevolezza. La ripetizione inesauribile del male o della stupidità, la loro onnipresenza è disperante. Alcuni dittatori come Mussolini credettero di risolvere il problema abolendo la cronaca nera, ma invano. I banditi assassini di cui giornali e radio tacevano passavano egualmente nei vicoli delle nostre vecchie città. Ciò che affligge e spaventa di questa inarrestabile tendenza al male è che essa non è subìta ma cercata con pazienza e abilità e fertile immaginazione. Ogni giorno si ha notizia di concittadini che si sono clandestinamente associati per frodare il prossimo, spesso inteso come fisco. Truffe complicatissime, con difficile alterazione di registri e di bollette, con pazienti e lunghe fatiche per fabbricare falsi e abusi. Ciò che spaventa nella criminalità globale e trionfante è che essa non è un lavoro qualsiasi, penoso, ma un lavoro che piace.

Prendiamo la recente campagna di stampa promossa dagli amici di Berlusconi in risposta agli attacchi dei suoi nemici. Colpisce non tanto la sua virulenza, quanto il compiacimento dei suoi autori, il compiacimento di chi ferisce che cresce a misura del dolore inferto: non solo accuse infamanti, ma spesso inventate, ingrandite con allusioni e ammiccamenti e documenti falsi. Si sono divertiti un mondo quelli che hanno fatto a pezzi l'innocuo dottor Boffo, direttore dell'"Avvenire", a rovina della vita sua e della sua famiglia.

La delinquenza non è un lavorio penoso, si lega quasi sempre a una voglia di gioco infantile che resta negli anziani, il gioco di "farla franca" con astuzie e raggiri, il gioco dei nascondigli e dei fortilizi. Quasi ogni giorno la televisione scopre qualche covo mafioso o camorrista ricavato in un sottoscala o dietro un muro posticcio, arredato con il gusto di un adolescente: il frigorifero, la televisione, l'immagine di padre Pio, il passaggio sotterraneo di fuga, roba che un geometra prima dei poliziotti scoprirebbe subito. Rifugi segreti che non hanno mai evitato la cattura, eppure voluti da quasi tutti i grandi latitanti. Sulla collina di Reggio Calabria c'erano, e probabilmente ci sono ancora, decine di ville fortilizio dei boss della 'ndrangheta, con muri alti di cinta, allarmi televisivi funzionanti giorno e notte, camere blindate, gallerie, riserve alimentari. A Palermo l'ingresso di casa Inzerillo era una scaletta ripida che finiva in una garitta di cemento con feritoie da cui sparare su poliziotti e rivali. E i Giuliano di Napoli li ricordate? Avevano il loro covo in un vicolo e per rifornirsi calavano un cestino in strada che uno della cosca, un parente, riempiva. Solo la voglia di giocare al "farla franca" può spingere le centinaia, le migliaia di persone arrestate ogni giorno dalla polizia, ma in parte subito rilasciate per evitare lo scoppio del sistema carcerario. E siccome le televisioni hanno fame inesausta di immagini e la polizia fornisce quelle degli arrestati, l'informazione di routine consiste in questa soffocante esibizione della gaglioffaggine generale, stupida e quasi sempre modesta, reati da quattro soldi, ridicole speranze di ricchezza.

Tramonto dell'operaismo

Un giorno del dicembre 1972 Sandro Antoniazzi, sindacalista lombardo, si mette a tavolino e scrive: "Cara classe operaia, tu sai come mi sono impegnato per te. Eppure oggi è come non ci fossi più, come se tu fossi scomparsa, quasi che di fronte alla complessità dei problemi odierni tu esprimessi uno stato di impotenza, una incapacità di reagire".

Finisce una storia ma finisce anche una grande ipocrisia della beneamata classe vaso di tutte le perfezioni, di tutte le virtù, degna di ogni lode mentre si conquista il potere e poi rimproverata come corrotta e imborghesita quando non fa più comodo.

I suoi ultimi meriti, solidarietà e identificazione – noi e gli altri – ma anche il piacere di servire la dittatura comunista, anche lo sciovinismo nazionalista, per cui la classe operaia tedesca per due volte marcerà dietro le fanfare del Kaiser e del führer.

Erano dei borghesi come Togliatti, Gramsci, Longo, Bordiga a fondare e dirigere i partiti operai. Altri borghesi li ritroviamo alla guida della Resistenza e delle formazioni garibaldine. Ma anche questi non andavano ricordati per non disturbare il mito della classe operaia artefice della storia. Durante la guerra partigiana l'esame critico del ruolo, del peso degli operai non viene neppure tentato, anzi sconsigliato e proibito, vedi l'ambiguo comportamento dei sindacati nei primi scioperi della Repubblica di Salò. Quanti partigiani, quanti combattenti venivano dalle fabbriche? Quanti comandanti? Non era stata la piccola borghesia a fornirli? Non erano stati i contadini a sostenere il fronte logistico? Ma ai partiti operai queste domande non interessavano, anzi le trovavano provocatorie. La storia doveva essere operaista e accettata a scatola chiusa, scritta per ordine del partito dal comunista Battaglia, pubblicata dall'editore comunista Einaudi. Naturalmente con la classe operaia protagonista della Resistenza, a che pro attardarsi a contare gli operai rimasti nelle fabbriche e risparmiati dalle stragi della guerra o quelli che nei primi mesi di Salò avevano flirtato con i sindacati fascisti? Perché ricordare che la guerra fascista aveva fatto strage soprattutto di contadini? Perché non ricordare le contraddizioni fra la lotta ai capitalisti e la collaborazione per mantenere alti i salari? Erano contraddizioni che svuotavano in partenza ogni possibile epurazione a guerra finita. Il fine che giustifica i mezzi ha sempre prevalso, gli "aiutanti" borghesi della classe operaia hanno sempre richiesto e ottenuto rispetto e obbedienza dagli operai. I ruoli andavano rispettati. Togliatti, quando parlava con altri del suo rango, interrompeva un discorso se un compagno si avvicinava a origliare. Le ipocrisie dei partiti operai, del comunista in particolare, compiono una buona azione riformistica, giovano alla crescita dei ceti popolari; ma è proprio il successo riformistico a imborghesire gli operai; la classe operaia si normalizza, l'operaio diventa cittadino tra i cittadini.

Il sindacalismo e l'operaismo comunista per la rivoluzione impossibile hanno rinviato o trascurato tutto il resto: la rivoluzione tecnologica, i movimenti giovanili, l'esplosione dei desideri caotici, le nuove dimensioni del mondo, il sì fatale ai vecchi vizi.

Meno scioperi

Le ore di sciopero alla Fiat che nel 1977 erano state otto milioni, nell'87 crollano a duecentomila. Nelle fabbriche minori si arriva a contrattare una settimana più lunga con più lavoro per un maggior guadagno. L'automazione cancella la memoria operaia. Gli operai non pensano alla rivoluzione e contestano debolmente il capitalismo. Pensano ad altro, a mandare i loro figli a scuola, alla scuola alta dei ricchi, perché possano darsi la cultura dei capi, dei manager. In che misura l'accettazione del capitalismo si mescola alla paura del licenziamento? Di certo nelle grandi fabbriche le ore di lotta, di protesta, sono state sostituite dalle ore di scuola. I cassintegrati, i licenziati ritornano nelle fabbriche mutati profondamente. Vanno subito a scuola anche loro, la fabbrica automatizzata resta per loro misteriosa nelle tecniche ma chiara nella produzione, il rapporto tra investimenti e produzione, tra merci e ricavi è chiarissimo a tutti. L'operaio moderno viene chiamato polivalente, per dire che non solo lavora ma controlla che il lavoro sia ben fatto. Parole vuote. In realtà l'operaio moderno non possiede più il mestiere dell'artigiano, non possiede più la scienza e l'abilità del fabbro, del tornitore. Andare fuori della fabbrica, mettersi in proprio non è facile, il lavoro automatizzato è come avesse perso odore e sapore. Non c'è più lo sporco dell'olio, il nero dei fumi, la tuta dell'operaio di oggi resta pulita. L'operaio polivalente sta davanti al monitor e alle telescriventi che gli dicono cosa deve fare. Nella vecchia fabbrica le finestre erano alte e opache perché l'operaio non doveva distrarsi, non doveva guardare le nuvole che passano. Adesso le finestre sono ad altezza d'uomo. Il simbolo del lavoro era la falce e il martello, ma quali contadini e quali operai li usano ancora?

Si pensava che con il benessere sarebbero arrivati dei nuovi desideri, ma è arrivata solo la assuefazione ai desideri dei ricchi, al lusso esibito. A Torino nel primo dopoguerra gli operai si trovavano il pomeriggio della domenica lungo le strade che scendono dalla collina o arrivano dal mare. Per tirare pietre o insulti ai borghesi al ritorno dalla vacanza. All'apertura della stagione teatrale al Carignano gettavano uova e insulti alle signore in pelliccia.

Oggi guardano la televisione delle veline e delle concorrenti a Miss Italia. Gli uomini della rivoluzione sono diventati dei conservatori che invidiano e imitano i ricchi. Gli piace Berlusconi. Trockij, rivoluzionario di grandi speranze, disse: "La media umanità crescerà, si solleverà al livello di Aristotele, Goethe e Marx. E su queste cime si eleveranno altre vette". Non è andata così: siamo tutti seduti in qualcosa di simile al fango.

I partiti operai non hanno mai voluto fare un esame critico del ruolo della classe operaia. Per esempio, durante la Resistenza: avrebbero visto che nella guerra di liberazione il comando delle formazioni era quasi tutto nelle mani di giovani medi o piccolo-borghesi, e che il consenso e la sussistenza erano opera dei contadini. Era vietato ricordare che la classe operaia era stata la più risparmiata nei macelli umani delle grandi guerre che avevano fatto stermini di impiegati e di contadini. L'esame critico ai partiti operai non interessava perché la classe operaia era la forza che gli consentiva di stare al governo, di avere voce nell'opposizione. Il fine che giustifica i mezzi è sempre stato un vizio degli "aiutanti" della classe operaia, quelli che dicono di aiutarla e di guidarla e che spesso la usano. Questo operaismo mitico e quasi religioso che attribuiva agli operai tutte le virtù e tutti i possibili miglioramenti sociali, non gli ha permesso di vedere, di capire che intanto il mondo cambiava per la rivoluzione tecnologica, la globalità del mercato, il femminismo, le nuove dimensioni del mondo e la confusa transizione che rivelavano impietosamente che la classe operaia non era più centrale ma che anzi poteva rappresentare, come infatti è accaduto, un falso punto di riferimento.

Gli operai non si sentono più creatori del futuro, padroni del futuro. La rivoluzione tecnologica, rispetto alle precedenti, è più rapida, più concitata, più drammatica. I cicli produttivi della Rivoluzione industriale erano cinquantennali: il cinquantennio delle ferrovie, il cinquantennio dell'auto e del petrolio: ma quanto durerà l'elettronico?

Gli operai in carne e ossa diventano i polivalenti e controllori della produzione ma il corso della storia è cambiato. L'ultima grande festa operaia nel piazzale di Mirafiori per la mensa gratuita è del 1977, e restano nelle memorie le riassunzioni dei sessantasei licenziati dell'autunno caldo. Il progresso tecnologico avanza sempre più veloce e ispira al pittore Paul Klee il quadro dell'angelo spinto dal vento dell'innovazione verso un cumulo di macerie, verso la sconfitta definitiva dello storicismo e del progresso. La classe operaia ha fallito, non ha creato il socialismo, ma il capitalismo fa di peggio, non ha cambiato il mondo, non ha modificato i desideri, li ha solo moltiplicati e banalizzati. Berlusconi ha fatto suo il motto del socialismo tedesco, di Bernstein: "Il movimento è tutto, il fine è nulla".

È singolare, in un tempo in cui l'ideologia liberista e il mito del libero mercato sono in profondissima crisi e in cui, dovunque, lo stato riprende la sua funzione di regolatore, che la sinistra non riesca a tradurre questa svolta in favore popolare. Forse perché le loro ricette ideologiche sono anch'esse invecchiate, fuori tempo. Allora la sinistra funzionava perché c'era la convinzione generale e profonda che fosse necessario correggere, curare le disuguaglianze, le ingiustizie sociali. L'emancipazione, il riscatto sociale dei più deboli non poteva che affidarsi a valori collettivi di solidarietà e di redistribuzione del reddito. E c'era l'idea che il socialismo servisse a costruire la società giusta; ma la società giusta non è più condivisa dagli uomini passati per il consumismo, il terziario, la scolarizzazione di massa, le mutate condizioni di lavoro. Cioè, di fatto, che nella società moderna tutte le più audaci conquiste del socialismo democratico sono già state attuate.

Se ne va, con la crisi del socialismo democratico e con la rivoluzione tecnologica, con l'automazione, il mito della classe operaia come classe centrale che si accolla i problemi di tutta la società.

La irrilevanza operaia

Nel primo dopoguerra per gli operai morti a Reggio Emilia in uno scontro con la polizia ci fu una rivolta, si riunì un parlamentino comunista, ci fu una mobilitazione dell'esercito contro un possibile colpo di stato. Per gli operai morti a Torino nell'incendio di una acciaieria abbiamo visto un mesto corteo di tute blu che fischiavano i sindacati. Un corteo, ha scritto un cronista, "che sembrava un funerale di palestinesi". E, a conclusione, il presidente della Camera Bertinotti prese atto della "irrilevanza operaia".

Rassegnazione e rabbia che riconoscono una svolta epocale: il proletariato operaio non è più al centro della vita sociale. "Se avessimo voluto mettere a fuoco la fabbrica lo avremmo già fatto" ha detto un operaio. Ma gli operai sanno che sarebbe inutile: una fabbrica oggi può essere chiusa o delocalizzata. Un cronista del funerale ha scritto: "Il rumore delle saracinesche dei negozi che si rialzavano annunciava che tutto era finito". E un operaio del corteo: "Dopo Natale nessuno si ricorderà più di quello che è accaduto". Questo operaio era venuto al funerale in bicicletta, nel portapacchi aveva messo le foto dei morti e un cartello scritto a mano con una sola domanda: "Perché?".

Ecco la domanda che tutti si fanno di fronte a questo mondo che cambia, irriconoscibile, a questo naufragio dei valori, delle speranze, delle attese, dove tutto è dominato dallo sfrigolio dei computer, che fanno calcoli di cui gli uomini non sono più capaci, che fanno previsioni che gli uomini accettano come se venissero da un oracolo. Perché? Perché gli uomini hanno ceduto alla scienza le decisioni del loro avvenire, le spiegazioni dei loro problemi.

La tragedia di Torino ha confermato che la funzione provvidenziale della classe operaia è finita. Le vittime del lavoro saranno come le vittime del traffico: decine di migliaia, ma ordinaria amministrazione in un mondo in cui i veri protagonisti sono le macchine, e le speranze sono i robot e la fusione a freddo.

Accanto alla irrilevanza del proletariato di fabbrica, emerge schiacciante il "proletariato logistico", con lo sciopero dei camionisti: uno sciopero fortissimo perché legato a quello strumento, decisivo nella modernità, che è l'automezzo. Gli operai di fabbrica possono essere ignorati, trasferiti, sostituiti, ma gli automezzi fermi nelle grandi vie di comunicazione bloccano l'intera economia. I robot hanno superato e reso vani i blocchi delle linee di produzione, ma i camion giganti immobilizzano un paese.

L'automazione non solo passa ma schiaccia, modella tutta la produzione, cancella le tradizioni, le memorie. Tutti, anche gli operai, la vivono come necessità, come sopravvivenza. Chi ha conosciuto gli autunni caldi, i giorni dell'ira nelle fabbriche, ascolta stupito gli operai dell'era nuova: non contestano, non si oppongono, vogliono capire, sperano che i loro figli potranno partecipare alla cultura dei computer e dei transistor, delle macchine che calcolano e di quelle che lavorano senza stancarsi mai. Il padrone della Dea, fabbrica di misuratori di pesi elettronici, guardava i suoi automi al lavoro e diceva: "Non si stancano mai, lavorano anche la domenica, anche a Natale, non vanno mai al gabinetto, non protestano. Ha capito la novità, dottore? Io sono entrato in fabbrica ai tempi in cui durante uno sciopero potevano tirarti un bullone in testa, capito?, in cui potevano spingerti sotto una pressa".

Oggi nelle fabbriche non è più tempo di lotta ma di scuola, di riciclaggi professionali. Il funzionamento di una fabbrica automatizzata non appartiene solo alla direzione ma è di tutti, perché gli operai sono anche controllori del funzionamento delle linee, tutti possono vedere, capire che senza certi investimenti di capitale, senza certi volumi di produzione, i ricavi crollano, la gran macchina si ferma. La regola della automazione è la voracità, bisogna darle di continuo energia e materiali con il concorso di tutti. Oggi l'operaio che controlla ne deve diagnosticare i guasti, farle la manutenzione, saperne di elettronica: ma non è più un operaio specializzato, anche se ha notevoli cognizioni: non lo è nel senso che non possiede più un mestiere insostituibile, esportabile in altre fabbriche, ma è legato a un dato sistema: un elemento nuovo e spesso sorprendente della produzione. Andare fuori dalla fabbrica automatizzata che conosce non è facile, e neppure far pesare le sue nuove competenze. È in una situazione nuova, a un tempo ricattabile e ricattatoria, che le direzioni aziendali continuano a studiare ma senza venirne mai completamente a capo. Il nuovo operaio è ancora definibile come operaio, come colletto blu? È un ibrido, spesso un'incognita. Operaio alla vecchia maniera non lo è più, non sente più la differenza di classe, non sente più il confronto diretto ma visibile con i borghesi, con gli impiegati.

La cultura dell'operaio massa era antagonista a quella del ceto medio. Oggi la televisione dà a tutti gli stessi gusti, gli stessi desideri. Sono scomparsi i segni distintivi, come le buste paga con le banconote da ritirare a fine mese: sostituite dai versamenti diretti in banca. L'operaio non è ricco, è rimasto povero come prima, stenta ad arrivare alla fine del mese, ma ha qualcosa da perdere oltre alle antiche catene, ha la televisione, l'automobile. L'operaio non è ricco ma non è più quello che partiva da casa con il gavettino per la colazione, è uno che mangia in mensa. Non si vedono più i tram affollati nelle ore del cambio, gli operai arrivano in automobile e trovano posteggi. Sono successi grandi mutamenti in questi anni, le richieste del primo movimento operaio, del socialismo nascente sono state tutte superate, ma nascono nuovi desideri, nuove richieste, più difficili da capire di quelle primarie dei tempi eroici. La ricerca della felicità che sta nelle migliori costituzioni è sempre una chimera.

Un tempo gli operai dei filatoi distruggevano le macchine tessili, ora sono addetti all'innovazione, sperano di parteciparvi. Il controllo sindacale è finito. Solo nel Milanese ci sono cinquantamila filiali di ditte straniere su cui il sindacato non ha alcun potere. Gli operai che guidavano le lotte sono diventati dei padroncini, il settanta per cento delle aziende decide le innovazioni senza consultare il sindacato, solo il quattro per cento ha avuto delle opposizioni operaie e le contrattazioni sono in gran parte fuori del sindacato. Il sistema, efficacissimo nella produzione, si rivela una caotica rissa nella concorrenza. E oltre il danno c'è anche la derisione; del sindacato i padroncini dicono: "Abbiamo un sindacato che guarda al passato". Scomparse anche le certezze storicistiche sul bene prodotto dai conflitti sociali. La certezza del sindacato del primo dopoguerra che la lotta e gli scioperi erano l'unico mezzo per costringere il capitalismo a modificarsi, a umanizzarsi, sta svanendo. Il sospetto e più di un sospetto è che le crisi del capitalismo potrebbero mutarsi nella morte per fame di milioni di persone. Già ora si sa che milioni di persone abitanti in Italia e altri paesi sviluppati non hanno cibo sufficiente. La crescita della produzione è anche crescita dell'inquinamento. Ogni progresso tecnologico ha un effetto negativo. Il mito dell'uomo rinascimental-leonardesco signore del mondo non è più credibile. Per riempire questo vuoto di certezze si ricorre ai piaceri, al lusso, al culto del vitello d'oro.

La televisione riprende ancora scioperi e occupazioni ma con la televisione il conflitto di classe si muta in un reality show, in uno spettacolo di violenza sociale che può finire come una partita di calcio che riprende all'infinito. Marco Revelli, il sociologo del movimento operaio torinese, ci vede il segno di qualcosa di grave: la trasformazione dello scontro sociale in spettacolo, in recita pubblica estranea al conflitto tra sfruttatori e sfruttati. Il movimento operaio non può ignorare la televisione, anche per lui c'è un problema di visibilità, di mostrare alla pubblica opinione i problemi del lavoro. Ma se lo scontro non è fra avversari di classe ma tra operai, si mette in gioco uno dei valori principe: la solidarietà di classe, l'abbandono dell'unità di classe. Gli scontri fra operai avvenuti al Lingotto, fra operai italiani e tedeschi, è la conferma di una crisi grave del movimento. Vuol dire che operai italiani contro operai tedeschi o inglesi sono ormai quasi una norma. Operai inglesi che protestano contro la occupazione di operai italiani accusati di crumiraggio, di piegarsi al volere dei padroni, quelli di Pomigliano d'Arco che si dissociano dalle lotte di quelli di Termini Imerese. È una svolta grave, è vedere l'avversario nel proprio simile. Si arriva all'idea che in periodo di crisi l'importante è salvarsi mentre gli altri affogano. Il progresso diventa un nemico. La globalizzazione della Fiat significa un distacco da Torino. Dove finiranno le risorse, i capitali? Come saranno spartiti i sacrifici e i vantaggi? Che ne sarà dell'indotto, cioè della occupazione dei metalmeccanici ora a Torino prevalente?

Con la classe operaia scompare la sinistra. L'onda lunga della destra è irreversibile? Nel 2006 il voto della sinistra sconfisse Berlusconi e diede la vittoria a Romano Prodi. A distanza di un anno quella scelta politica di massa è sembrata scomparire nel nulla; di quattro milioni di elettori che avevano votato a sinistra nel 2006, più della metà, due milioni e settecentomila, sono scomparsi. Una parte consistente non ha votato, un'altra ha preferito votare il populismo di Di Pietro. La destra vince, si potrebbe dire, per la omogeneità dei suoi egoismi, a fiuto ha capito che la crisi dello stato le consentiva di fare i propri comodi. E principalmente ha capito che il gigante della sinistra aveva i piedi di sabbia, che la borghesia di massa aveva gli stessi appetiti di quella liberale. Berlusconi ha previsto un individualismo anarcoide che la maggior parte degli italiani era pronta ad applicare. La figura dell'operaio, del lavoratore, ne è stata travolta. Gli operai, si dice, non votano più da operai ma da cittadini. Sì, ma cittadini di un paese in cui vigoreggiano le mafie, regna l'anarchia. Oggi i lavoratori, dice il sindacalista Ariaudo, percepiscono i partiti, anche i partiti operai, con fastidio. La fabbrica e la politica sono due mondi separati, né le ideologie né le nostalgie possono frenare questo mutamento epocale.

La solitudine operaia

Ciò che colpisce nell'operaio di oggi, scrive Alfredo Reichlin, è il suo ritorno ad altre epoche, la sua solitudine. Il ritorno a un tempo in cui il lavoro salariato rappresentava il lato servile della società, la manovalanza senza diritti di un'epoca in cui il mondo del lavoro era senza rappresentanza, relegato nel sottosuolo sociale. Qui, dice Reichlin, c'è la spiegazione della sconfitta della sinistra da cui non si può uscire se non si capisce quello che è accaduto. È accaduto che la classe dominante, la borghesia mercadora e produttrice, ha capito che doveva attaccare lo stato democratico "fondato sul lavoro" della Costituzione, che doveva riprendere in mano tutti i poteri come li aveva avuti l'aristocrazia, più di quanti ne aveva avuti la borghesia nella Rivoluzione industriale.

Il Berlusconi che si presenta alle platee moderate come "uno dei vostri", ha capito d'istinto che bisognava riformare lo stato, distruggere e attaccare tutte le garanzie liberali, anche quelle della nuova repubblica democratica. È stata una decisione di "pancia" prima ancora che di testa, l'infallibile decisione da animale da preda che la sinistra e i lavoratori italiani non hanno capito o hanno finto di non capire. Ogni scelta del nuovo sultanato mirava a quella ripresa totale del potere, seguiva quell'istinto, quella fame di potere, ma a molti sembrava assurdo, impossibile e scambiavano queste scelte reazionarie per un capriccio da padroncino, per una risposta a un sopruso subìto. Attaccava la magistratura? La pubblica opinione non capiva che era un attacco alla democrazia, pensava che fosse soltanto il risarcimento dei torti subiti dalla burocrazia di un italiano che si era fatto da sé e che non aveva paura dei potenti. Sdoganava i fascisti preferendoli ai democratici? Era solo uno che andava contro i miti e i riti della sinistra. Perché un fascista non poteva essere un buon cittadino? Diceva che le tasse erano eccessive e che lui capiva quelli che cercavano di non pagarle? L'italiano medio lo approvava: il peso delle tasse era davvero gravoso.

Quando poi è arrivata l'ondata revisionista, il rovesciamento dei valori democratici, la riabilitazione dei fascisti di Salò alleati fino all'ultimo dei nazisti, l'operazione reazionaria ha calato la maschera, anche se oggi lo spazio che i giornali e la televisione premiano non è l'operazione di verità, ma quella di denigrazione e di falsità storica. Negli ultimi vent'anni, non un tempo breve, l'osservatore onesto della nostra vita politica si è reso conto che la manovra reazionaria procedeva con larghezza di mezzi e tenacissima volontà di distruzione degli avversari alla costruzione della democrazia autoritaria.

Certamente, come osserva Reichlin, la svolta reazionaria è solo in parte opera di Berlusconi e del suo partito: è una svolta mondiale. È l'illusione capitalistica di risolvere i problemi del mondo con il liberismo economico cioè con l'avidità invece che con la razionalità.

Un'onda lunga di destra dilaga per l'Europa. La forza oscura ma vincente di questo ritorno ai desideri e agli egoismi irrazionali spiega perché Berlusconi indichi nella pazzia il motore del progresso. Certo la storia umana sta sotto il segno, se non delle pazzie, della irresponsabilità. È stata forse razionale, responsabile, la crescita demografica continua, benedetta dal precetto divino "crescete e moltiplicatevi" o le conquiste ed esplorazioni senza fine scambiate per scoperta del paradiso terrestre? E cosa è un progresso che ormai sfiora di continuo l'autodistruzione?

L'onda lunga della destra non offre soluzioni credibili alle paure e alle inquietudini umane, offre qualcosa di più attuale e micidiale, offre un'illusione ai ricchi e ai forti di poter controllare i pericoli presenti e prossimi sacrificando i poveri e i deboli. Nel mondo sono riprese le grandi migrazioni dei poveri verso le terre dei ricchi. La destra che sale in tutti i paesi ricchi è divisa tra la paura dei nuovi arrivati e il bisogno che ne ha per i lavori più duri e sgradevoli.

Nel secolo borghese le grandi potenze europee pensarono di avere risolto questa contraddizione con il colonialismo: l'immigrazione dei poveri veniva disciplinata o impedita, i padroni delle conoscenze, delle tecniche, delle armi producevano le merci di valore e le vendevano ai poveri in cambio del lavoro e di materie prime. Questa spartizione del mondo fu portata ai suoi estremi dal nazismo come schiavitù razzista. Oggi la crescita della destra non è più sotto il segno dell'imperialismo, ma sotto quello dell'Occidente assediato, non più offensivo ma difensivo. Una scelta di breve periodo ma reale, attuale. I posti buoni su questa Terra non sono molti, pochi quelli dove scorrono i fiumi biblici di latte e di miele. E siccome la paura è una cattiva consigliera, la destra dei ricchi e dei forti conquista anche quelli che non lo sono, ma pensano di esserlo.

Mi ha molto impressionato, molto colpito per la sua evidente irrazionalità, il coming out, la confessione fascista di un noto calciatore del Milan, che ha spiegato la sua nostalgia con delle motivazioni immaginarie, inesistenti e comunque irripetibili, del fascismo come età dell'ordine e della felice coesistenza tra partito unico, patria e religione. Non lo sa il bravo portiere Christian Abbiati che la soluzione coloniale del fascismo oggi è impossibile, che l'ordine pubblico fascista era uno stato di polizia oggi inaccettabile e che tutto ebbe il suo prezzo spaventoso con la sconfitta in un'assurda guerra di conquista?

Ma il non sapere, diffuso in tutti i movimenti politici, è dominante in quelli della nostalgia e della conservazione estrema, i quali proprio per queste loro manchevolezze, per questi difetti hanno fortuna tra quanti preferiscono i sogni alla realtà. Il bravo calciatore crede di potere essere un fascista non razzista e non conquistatore, vale a dire inesistente. Perché l'esistenza e la persistenza dei fascismi è proprio quella di credere nella religione dei più forti, nella sconfitta dei più deboli; anche se questa è la legge della giungla indegna di creature nate "per seguir virtute e conoscenza".

Hanno fatto bene a incoraggiare il revisionismo storico e diffamatorio della Resistenza. E quando il revisionismo diventa, come accade da noi, un'ondata di moda, hanno un fiuto speciale per capire le onde lunghe del conformismo italico. Chi avrebbe mai detto che la scelta di Berlusconi a favore dei neofascisti per le elezioni romane sarebbe stata premiata? Noi che il fiuto delle masse non lo possediamo, avremmo detto che la sua corte a Bossi e ai leghisti era suicida: e invece su di essa ha fondato il suo potere.

Le nuove guerre

Dopo il mezzo secolo di tregua armata della Guerra fredda, la guerra in cui si ammazzava apertamente il prossimo è già ripresa in modo spettacolare anche se si finge di non vederlo. L'attacco terroristico alle Torri gemelle di New York dell'11 settembre 2001 è la risposta del mondo dei poveri, dei barbari al mondo dei ricchi e civilizzati dell'Occidente. Da allora le nuove guerre si sono moltiplicate nei Balcani, in Georgia, nel Medio Oriente, nell'Africa nera, in Thailandia, nelle Filippine, nel Pakistan, in Afghanistan, a Ceylon. Strane guerre ma guerre. Guardate quasi con fastidio e con imbarazzo dagli esperti di relazioni internazionali, estranee alla narrativa trionfalistica, a cominciare dalla fine della storia come fine delle guerre superate dalla globalità dei mercati che ha annullato le vecchie frontiere.

Questo rifiuto delle guerre che pure sono in corso segna le relazioni internazionali come un gigantesco autoinganno accettato da tutti pur di non contraddire il nuovo mito del mercato; è la mano invisibile dell'economia, dell'ordine globale. Le molte guerre in corso a tutti note e da tutti declassate a disordini spontanei, a febbri passeggere, sono in realtà, come ognun sa, le guerre del nuovo e unico impero mondiale, l'americano, arrivato al punto critico di tutti i grandi imperi, al classico dilemma fra la moderazione e l'espansione perenne, fra la conservazione dei confini attuali e la rincorsa senza fine agli armamenti. Il dilemma che fu già dell'Impero romano fra i confini stabili sul Reno e sul Danubio e la necessità di mantenere l'influenza economica, politica, tattica e strategica sul mondo intero.

Uno studio pubblicato dal Mulino dice che le molte guerre in corso hanno motivi ambigui in cui le ideologie si mescolano al comando e alla sopravvivenza. Gli Stati Uniti egemoni del continente americano hanno a loro disposizione tutte le risorse alimentari e minerali, tutta l'aria e l'acqua di cui hanno bisogno. Ma non gli bastano. Eserciti e macchine stanno di guardia nei Balcani, in Italia, nei paesi arabi del Medio Oriente, in Israele, nel Pakistan, nell'Iraq, nell'Afghanistan, in Giappone, nell'isola di Guam, al Polo Nord e in Antartide. Per ragioni di dominio imperiale ma presentate come missione civilizzatrice, e negli ultimi anni come esportazione meritoria della democrazia.

Le molte guerre contemporanee, a differenza delle antiche, non sono solo guerre di conquista, ma politiche, secondo la celebre definizione di von Clausewitz: "continuazione della politica con altri mezzi", sono guerre evitabili fra gli uomini di normale avidità, diremmo legate a una fisica della guerra, a una mancanza di equilibrio dei poteri fra i più forti e i più deboli, fra il paese che da solo ha la supremazia degli armamenti e della ricchezza e gli altri costretti a reggere il confronto. Dunque la ragione vera delle guerre sarebbe la struttura unipolare del mondo: questa è una visione realistica ma inaccettabile da chi si auspica una pace universale.

Le guerre di un mondo unipolare sono guerre "ineguali", che possono cessare come nel Vietnam solo per un residuo di resipiscenza e di saggezza, solo perché anche fra i cittadini dell'impero si decide di metter loro fine: e non per le ragioni militari che anche nel Vietnam si potevano risolvere con le armi nucleari. L'unico fermo insomma può essere imposto all'impero dalla sua necessità di acquisire dei sudditi e non di imporre la pace romana di cui scriveva Tacito: "dove fanno il deserto, quello chiamano pace".

Nuove guerre con nuovi caratteri. Non più legate ai confini delle patrie ma estensibili al mondo intero. Come la caccia ai terroristi che gli Stati Uniti e la loro agenzia di sicurezza, la Cia, conducono in tutto il mondo. Con grave, forse inguaribile ferita a quanto si era riusciti a creare di diritto internazionale. Guerre che usano i poteri supernazionali derivanti dalla nuova scala decisa dalla Seconda guerra mondiale e dalla crisi del colonialismo che, dal crollo dell'Unione Sovietica, sancì l'esistenza di un solo impero, quello statunitense.

Guerre nuove senza confini, senza motivi preminenti di sopravvivenza, e anche la guerra come una "necessaria tecnologia di controllo", cioè come un modo per capire a che punto è arrivata al mondo la corsa agli armamenti, se siamo ancora nella possibilità di sopravvivere o già dentro la ecatombe universale, non solo immaginaria dato che le bombe nucleari esistono.

Ci sono anche le guerre non come questione di vita e di morte di un popolo, ma di mantenimento della sua *way of life,* del suo benessere e del suo spreco. Esemplare il film *I tre giorni del Condor,* in cui il servizio segreto americano fa strage di concittadini pur di garantire alla nazione imperiale la benzina necessaria alle sue auto giganti e l'energia per i suoi grattacieli sempre illuminati. Non più guerre di confini, ma di reticolati estensibili da un continente all'altro, anche se non dichiarate, con l'impero che può far partire i suoi soldati dalla Germania o dall'Italia, può superare tutte le frontiere per cui in Afghanistan come in Pakistan non esiste più una linea da difendere, ma centinaia di incendi e di scontri in perpetuo movimento.

L'onda lunga della destra e la marea nera dei giovani nazifascisti che le persone ragionevoli considerano come qualcosa di abnorme, di demoniaco, non sono privi di profonde radici storiche, fanno parte della cultura occidentale. Né Mussolini né Hitler sono degli alieni arrivati da altri mondi, sono nati e cresciuti nell'Occidente degli imperi coloniali, nella cultura bianca di dominatori che è riuscita a creare il massimo della duplicità, della ambiguità facendo convivere la democrazia o la modernità interne all'Occidente con la schiavitù e la barbarie dei paesi dominati.

Per cui se ai nostri occhi occidentali la nostra persistente voglia di conquista viene spacciata per civilizzazione del mondo, ai non occidentali essa continua ad apparire per quello che è, una persistente ricerca di dominio.

L'Occidente continua a organizzare alleanze e congressi nel nome della pace e della coesistenza, ma all'evidenza seguita a mandare i suoi soldati in tutti i continenti, nell'Iraq come nell'Afghanistan e l'Alleanza atlantica guidata dagli Stati Uniti recupera i paesi baltici e l'Ucraina sottraendoli all'influenza russa e si prepara alla contesa delle future ricchezze dell'Artico come dell'Antartide. Continua anche lo sfruttamento che l'Occidente civilizzato fa dei contadini poveri della Terra. Non c'è da stupirsi se una parte di giovani, i più impazienti e aggressivi, torna al nazifascismo e all'idea della superiorità della razza bianca.

Di fronte all'impero americano gli altri pretendenti al dominio del mondo – la Russia e la Cina – cercano di contenerne la espansione, la conquista di nuovi spazi, senza ricorrere alle guerre. La Cina sta comperando l'Africa. Centinaia di migliaia di ettari coltivati da emigrati cinesi e anche i paesi arabi del petrolio, gli Emirati, comprano terreni nel Sudan, nell'Africa equatoriale o in Etiopia, seguiti dai sudcoreani che hanno acquistato tre milioni di ettari nel Madagascar. I cinesi la conquista cercano di farla con i commerci e con la finanza. Il commercio cinese con i paesi africani è passato dai dieci milioni di dollari degli anni 1980 ai dodici miliardi di oggi. E fanno concorrenza agli europei anche accusandoli di avere "un odore forte". I cinesi costruiscono strade e ferrovie, impiegando manovalanza locale ma si portano dalla Cina gli operai specializzati.

La pace universale resta una vaga utopia. L'impero americano si sente minacciato, e anche la ricca Europa è sempre in attesa dei tartari in arrivo dal deserto come nel romanzo di Buzzati. Scrive il poeta greco Kostantin Kavafis: "Il nostro vicino di casa ci appare un diverso, un nemico temibile, tutte le società producono l'odio del diverso, aspettando i barbari". E nell'Occidente ritorna la paura per la diversità da cui è nato e che ha fatto la sua fortuna: "Il tuo Cristo ebreo, la tua democrazia greca, il tuo alfabeto latino, i tuoi numeri arabi". Siamo una razza senza razza, una cultura fatta di traduzioni, di contaminazioni. Vogliamo la globalità ma temiamo di entrare in un universo senza volto e senza nome. Usiamo le lingue degli stranieri: per dire povero diciamo meschino come in arabo. Amiamo il mercato globale ma temiamo i banchieri della finanza con i loro forzieri "colmi di carta straccia". Accusiamo la finanza che ci ha arricchito di essere usuraia, esortiamo i governi a "coniare il danaro per i popoli senza interessi". Siamo per l'integrazione degli stranieri ma temendo che ci colpiranno alle spalle.

Dove la confusione è massima è da noi in Italia. Sappiamo chi siamo oggi ma non rinunciamo a immaginarci come siamo stati tre volte, paese imperiale con Roma, il Rinascimento, la Chiesa. Tutti i populisti che vogliono governarci ci dedicano lodi sperticate. Mussolini diceva: "Gli italiani sono un paese di poeti, di artisti, di eroi, di santi, di pensatori, di scienziati, di navigatori e di trasmigratori". Ma al confronto militare o economico con gli altri, spesso ne usciamo a pezzi. Come lo stesso Mussolini che pure ci sognava imperiali, aveva previsto: "La razza italiana è una razza di pecore, non bastano diciotto anni a trasformarla, ce ne vogliono centottanta e forse centottanta secoli".

Mi scrive Luigi Sertorio, fisico teorico di fama internazionale: "Leggo di queste trattative sulla proliferazione nucleare e osservo: non basta farsi raccontare se le bombe H sono duemila o ventimila, occorre capire come le si portano sul bersaglio, cosa ci vuole per farlo, chi ha i mezzi per farlo, che storia c'è dietro. Ebbene, oggi Obama sarà bello e intelligente; anche Clinton lo era, ma quando le dirigenze della Nasa e della Air Force gli strizzarono leggermente la gola obbedì. Gli vennero i capelli bianchi e più tardi l'infarto, ma obbedì. Oggi la rete satellitare (popolarmente Guerre stellari) è in mano Usa e chi ce l'ha la tiene in pugno a ogni costo. Oppure ragiona da eremita. Questa fu la scelta di Fermi e di Einstein nei loro ultimi anni. Oggi la percezione del potere militare americano non è più argomento di discussione, si parla della 'democrazia americana', come se la parola terrorismo si riferisse ai poveri beduini e non fosse invece vero che il vero terrore lo fanno i missili pilotati dal GPS, quello preciso e aggiornatissimo dei militari. Viene un certo pudore a parlare di queste cose, della verità che non può essere digerita, ma che resta tale".

La paura che genera crisi è immotivata? Diremmo il contrario. La paura umana deriva dall'incertezza del vivere, dalla tegola che può caderti in testa, dalla malattia inguaribile che ti stronca, dalla mancanza di una credibile legge mondiale buona per tutti. Il grande dibattito internazionale sulle armi atomiche, presentato come una civile ricerca di pace e di giustizia, è in realtà la imposizione di uno status quo fra i paesi che l'atomica ce l'hanno e i paesi che vorrebbero averla. Fra gli Stati Uniti, la Russia e la Cina che hanno centinaia di bombe e altrettanti missili a lunga gettata e alcune medie potenze come Francia e Inghilterra più il Pakistan e Israele sentinelle delle grandi potenze nel Medio Oriente. Ma il grande dibattito vede sul banco degli imputati l'Iran che la bomba non ce l'ha. Ai tempi della Guerra fredda c'era almeno la certezza del contrasto immediato fra l'Occidente capitalista e l'Unione Sovietica socialista. Adesso alleanze e opposizioni sono allo stato fluido, si formano e si modificano di continuo. Come non essere preoccupati di questa confusione, di questa incertezza? La scienza va per suo conto fuori di ogni controllo. L'industria alimentare, quella dei cosmetici e delle medicine rispondono alla ricerca di profitto, non alla sicurezza. Non sai se una ricerca su una malattia è fatta per ragioni di propaganda politica o per filantropia. Il fatto che le più importanti ricerche siano affidate a iniziative private spesso redditizie, spessissimo per vanità personale è evidente.

Cosa sappiamo del terrorismo?

Nei mesi scorsi i sostenitori dell'effetto serra, vale a dire del riscaldamento della Terra, dissero, scrissero, ripeterono con ogni mezzo d'informazione e di persuasione che ci sarebbe stata anche una moria delle api con conseguente rarità del miele. Oggi su tutte le gazzette del pianeta si annuncia una produzione record di miele, le api a quanto pare hanno reagito all'effetto serra in modo opposto alle previsioni. Se ne dovrebbe dedurre che la nostra adorata scienza in fatto di previsioni non è infallibile o che non lo è la nostra informazione. Oppure che la scienza c'è, ma che la retrostante e permanente avidità di ricchezza e di potere riesce a volgerla a suo favore. L'agguato ai nostri soldati in Afghanistan ripropone drammaticamente il quesito: che cosa ne sappiamo realmente del fenomeno che va sotto il nome di terrorismo, e, nel caso, è vero o no che i soldati dell'Occidente ricco e progredito sono in Afghanistan solo per difenderci dall'incombente minaccia talebana? A queste domande che chiamano in causa la ragione le risposte sono quasi sempre irragionevoli o condizionate dai retrostanti interessi. La difesa del presidente Karzai è davvero indispensabile alla difesa della democrazia? Da noi e nel mondo una discussione su questi temi al momento risulta impossibile o ad alto rischio. È questo il dramma che si ripete con Obama riassumibile nell'antica massima romana *si vis pacem para bellum*, l'equivalente dell'inglese "right or wrong, my country", che sono l'esatto contrario dell'evangelico "se ti colpiscono su una guancia porgi l'altra". Sulla presenza dei retrostanti interessi di cui bisogna pur tener conto i dubbi sono pochi. Tutti sanno o dovrebbero sapere che chi viola la pace e muove guerra cerca di spiegare al mondo che la colpa non è sua ma degli aggrediti. Solo Hitler nella sua demenza si permetteva di aggredire il mondo senza preavviso e senza plausibili ragioni: voleva il dominio del pianeta e lo diceva, gli altri no. L'Italia di Mussolini aggredì l'Etiopia e poi l'Albania e la Grecia inventando aggressioni mai avvenute, e il presidente americano in carica Barack Obama ha dovuto smentire il suo predecessore Bush che si era inventato la minaccia atomica di Saddam Hussein per riprendere il controllo militare e petrolifero del Medio Oriente. Voglio dire che oggi la minaccia terroristica non esiste? Certamente no, ma semplicemente mi chiedo, come ogni persona raziocinante, perché si sia individuata nell'Afghanistan la sua origine e la sua forza da sopprimere con una guerra, e non in tutti gli altri luoghi del pianeta dall'Iran alle Filippine all'Indonesia, dalla Malesia al Venezuela all'impero ostili, e se la minaccia terroristica sia solo frutto della malvagità dei poveri e dei diversi o anche del fatto incontestabile che l'impero esiste, che non è così buono e generoso come dice, e che come tutti i precedenti imperi per conservare la pace prepara e fa la guerra. Come abitante dell'impero che gode del suo benessere e delle sue libertà sono ovviamente per la sua difesa, ma senza nascondermi gli oneri e i rischi che comporta. Uno è la rinascita di uno spirito legionario che si ripropone come sempre trasformando il dolore in propaganda, e in dichiarazioni aperte di legionarismo combattentistico che riprende tutti i motti di quello squadrista: il disprezzo per i politici e per gli uomini di pace. Il fascismo irragionevole di chi non sa di essere fascista ma lo è.

Le armi del terrore

Le ragioni per cui la morte dei sei paracadutisti italiani ha destato grande commozione hanno riempito per giorni la nostra informazione. Ma sulle ragioni reali per cui sono morti, cioè sul perché noi partecipiamo all'occupazione armata dell'Afghanistan, il silenzio o l'elusione regnano sovrani. Per decisione della Nato, dicono i nostri governanti. Ma cosa è la Nato e che ruolo noi abbiamo nella Nato? In teoria è una spontanea alleanza di nazioni che vogliono difendere la loro libertà da aggressioni autoritarie. Nella pratica è un'alleanza militare in cui gli Stati Uniti hanno di fatto l'egemonia militare e tecnica grazie alla quale sono loro a prendere le decisioni più importanti. Non vincolanti ma quasi, come si evince dal fatto che non tutti i paesi della Nato partecipano alla guerra in Afghanistan, ma quelli che vi partecipano devono allinearsi alla propaganda e ai silenzi della potenza egemone. Quali silenzi? Quali elusioni? Ai tempi dell'intervento armato in Serbia si eluse o si tacque sui feroci bombardamenti che colpirono anche i civili di Belgrado e interruppero per anni la libera navigazione del Danubio, oggi si tace o si sorvola sull'uso dei "droni", gli aerei senza pilota che ripetono e in alcuni casi inaspriscono le rappresaglie sulle popolazioni che resero feroce la Seconda guerra mondiale. I droni non colpiscono solo i terroristi, ma fanno strage della popolazione civile, come il presidente Karzai ha spesso denunciato. Lo scopo è il medesimo per cui Stalin riempì di patrioti polacchi le fosse di Katyń, Hitler bombardò Varsavia e anche gli stati democratici ricorsero alla guerra totale: terrorizzare il nemico. Ma fino a che punto il silenzio o la propaganda sono più utili di una reale conoscenza dei problemi? Fino a che punto le decisioni del Pentagono sono esenti da ogni critica etica o pratica che sia? Che ne sa l'opinione pubblica italiana dei droni? Perché ogni pubblica discussione su queste nuove armi è taciuta o sorvolata come un tradimento? I droni sono aerei senza pilota che possono decollare da piste fisse o mobili controllati a distanza da persone prossime ai campi di battaglia come lontane decine di migliaia di chilometri. Se il divario tecnologico tra i tedeschi e gli italiani era grande negli anni della guerra partigiana, osserva il professor Luigi Sertorio, quello fra gli americani e gli afghani oggi è enorme. I droni possono volare raso terra o a quote altissime, al riparo da ogni contraerea, portare missili con esplosivi chimici o nucleari e il loro pilota può stare seduto al sicuro in un centro guida grazie al posizionamento satellitare. Senza rumore, senza prevedibilità, senza possibilità di risposta che non sia il terrorismo. I talebani, il terrorismo sono un fenomeno misterioso con effetti demoniaci, ma sono anche simili ai droni: non si manifestano e non vengono allo scoperto. Il terrorismo è folle ma non disumano, nel senso che è opera degli uomini e non degli alieni. E per capirlo non basta maledirlo, bisogna cercare le cause da ogni parte, anche dalla nostra, per esempio dalla parte della scienza e della tecnica che fabbricano i droni. "L'America," ha detto Obama, "è stanca della guerra." Non solo l'America. Ai nostri produttori, ai nostri scienziati, ai nostri politici il professor Luigi Sertorio fa questo augurio: che li assista finalmente l'angelo dell'intelligenza. Ma come si può pensare, come pensano i sostenitori della guerra a oltranza contro i nostri diversi, che dopo averli massacrati si prenderanno cura nel futuro della nostra civiltà?

Sulla modernità

Il punto debole

Il punto debole della modernità, delle macchine intelligenti, dei computer e di internet è che ci risparmiano le fatiche stupide, ripetitive, ma non ci forniscono genio, arte, intuizione. Almeno nel lavoro che è il mio e che credo di conoscere, la letteratura, la scrittura, il narrare. Tale essendo l'argomento diventa molto difficile trovare le parole per spiegare, ritorna la tentazione dell'ermetismo, dell'oscurità sacerdotale. Le macchine della modernità, computer, copiatrici, calcolatrici eccetera mi rendono più facile, meno faticoso il mestiere di scrittore: tutto ciò che scrivo viene ricordato, annotato, ricopiato a piacimento in centinaia di copie. Fatiche che hanno segnato la mia vita e i miei incubi di appunti persi, di pagine cancellate da un gesto maldestro, persino capitoli rosicchiati dai criceti, come mi capitò con la *Storia della guerra partigiana* durante una vacanza a Courmayeur. Per non parlare della nevrosi da perfezione che trasformava ogni articolo in una tortura: al minimo errore il foglio strappato, un senso d'impotenza, il gusto giallo della sigaretta in bocca. E tutto il resto: sofferenza per i nomi dimenticati o sbagliati, per le date errate, per i luoghi confusi, le memorie perse sicché per uscirne bisognava ricorrere a una sorta di autoanalisi, accettare gli errori e le manchevolezze, dare per normale l'errore e la stupidità. Con la modernità computerizzata tutto è più comodo e facile, ma tutto più mediocre e deludente. Non è che voglia vantarmi di aver scoperto ciò che tutti sperimentano in questa modernità, ma la percezione dell'inganno modernista la ebbi subito, quando un giovane sardo di nome Soru aveva creato in Sardegna una società di nome Tiscali fatta di aria, di segni leggeri come l'aria, parole, memorie, calcoli che il giovanotto intraprendente vendeva come fossero pane o carne. Se le vendeva aveva ragione lui, ma a me sembrava che fossero opera di magia, da far sparire come il Maligno con il segno della croce. Poi venne la marea dell'informatica, del *basic*, degli operatori robotici, elettronici, del silicio arricchito, dei computer di terza o quarta generazione, della sbornia di tecniche e di calcoli che ci avrebbero portato alla conquista non solo della Luna, ma dell'Universo. Eppure quel dubbio, quella cautela, quel pensiero di assistere a un grande inganno, a una retrocessione umana scambiata per un passo decisivo per la sopravvivenza in un futuro radioso, non mi ha mai abbandonato, perché quello che ci veniva donato con una mano ci veniva tolto con l'altra o comunque non regalato e a volte peggiorato: la letteratura scritta con il computer che sa di frigorifero e di conservanti, gli spettacoli della televisione troppo ricchi di trucchi, l'invasione dell'immaginario e dell'immaginato per cui i fotogrammi di film sostituiscono spesso la cronaca, per cui le guerre che si vedono sugli schermi sono messe assieme con il repertorio di magazzino, i combattenti sono "embedded" addetti alle trasmissioni dei servizi stampa. La storia dell'uomo è fatta così, cambia annullando il passato, innovando. Ma un miglioramento vero e proprio non lo si vede, le bandiere, gli eserciti, i nazionalismi retorici del "Right or wrong, my country" restano come le stragi naziste o staliniane. Tutto stampato meglio, con una grafica più elegante. Ma il peggio è che il tempo di sopravvivenza sembra più corto.

Ogni giorno i cittadini dei paesi moderni, cioè di quelli che hanno accesso agli ultimi ritrovati della tecnica, frequentano una gigantesca scuola dell'obbligo, nel senso che è quasi impossibile rifiutarsi di frequentarla: la televisione. Una scuola senza aule e bidelli, casalinga, da seguire stando comodamente in poltrona con una birretta fresca a portata di mano. Senza orari obbligatori, ma di fatto frequentata da interi popoli per due o più ore al giorno. Decisiva per la cultura di un popolo perché insegna perentoriamente a tutti come parlare, come comportarsi, come gestire. Che effetti ha avuto sul genere umano una scuola così pervasiva da essere universalmente frequentata senza che nessuno ce lo ordini? La prima constatazione è che la sua capacità educativa, la sua facoltà di correggere i difetti umani e di rafforzare le virtù non solo è nulla, ma negativa. Certamente non ha indotto i suoi frequentatori a non nominare il nome di Dio invano, a non desiderare la donna d'altri, a non uccidere, non rubare, non dare falsa testimonianza e a non cedere ai peccati della gola, della superbia e della vanità. Nel migliore dei casi i suoi interessati sostenitori, come il capo del governo italiano, la elogiano senza riserve per aver aperto al libero mercato e alle loro aziende gli sterminati pascoli della pubblicità, quanto a dire la prevalenza dell'imbonimento sulla corretta informazione. Pur essendo difficile e forse impossibile dare voti a quell'enorme ammasso che è la cultura televisiva, della teleinformazione possiamo dire che essa risulta pessima nel campo del linguaggio, dove il parlar curiale, per dire colto, raffinato, elegante, è stato sostituito da una congerie volgare, idiomatica, dialettale, plebea, straniera, dal gigantesco swahili in cui s'intendono gli uomini che non sanno più parlare in una lingua nobile. La scuola obbligata della televisione ha in comune con la modernità, con il progresso scientifico, di essere un processo variamente giudicabile, ma senza possibilità di pentimento, di correzione. Una volta scoperto e utilizzato il nuovo resta, nel bene come nel male, come ben sanno i contemporanei in perenne, angosciosa attesa che qualche pazzo faccia uso di quella scoperta demoniaca che è la bomba nucleare. Ma a parte la tragedia delle tragedie, l'apocalisse atomica, ci sono centinaia di innovazioni moderne che hanno cambiato la nostra vita in peggio. Non è forse evidente che la scrittura a mano, libera da ogni automatismo meccanico, da ogni memoria automatica era la migliore per la buona letteratura, che oggi un libro scritto con il computer ha un po' odor di computer? Che le scoperte conservative, imitative, ripetitive fotografiche abbiano cambiato spesso in peggio le umane arti è evidente. E, per restare nel concreto, la distruzione del paesaggio voluto e imposto dalla modernità non è una condanna irrimediabile del genere umano? La grande scuola moderna della televisione, obbligatoria per milioni di uomini, è cosa buona o cattiva? Il fatto è che in pratica nessuno se lo chiede più, e che gli stati nemici della televisione come lo fu il primo Israele si sono arresi. La cosa più drammatica di questo tempo è la resa umana al cosiddetto progresso. Buono o cattivo lo accettiamo a scatola chiusa, la sua inarrestabilità produce orrore, ma anche rassegnazione. Ho visto questa estate – dall'alto – due vallate alpine, la val Ferret e la val Veny, due stupende valli del Bianco sepolte sotto una lastra metallica di auto. Distrutte, violentate da masse umane felici dello scempio.

L'armamentario delle spie

Il capo del governo italiano, fra i massimi custodi della Costituzione democratica, a prova della sua umana bontà di fondo confessa di aver avvisato il quasi comunista Marrazzo, presidente della regione Lazio, di stare attento che c'era in giro un filmino hard sui suoi rapporti con le brasiliane transessuali. Lo aveva saputo da sua figlia dirigente della Fininvest e della Mondadori a cui il filmino era stato offerto dai ricattatori. Tradotto in italiano normale: il capo del governo democratico fra i massimi custodi della Costituzione, avvisa un presidente di regione di stare in guardia per coprire la sua condotta, se non penalmente punibile certo scorretta secondo l'etica politica. E subito in suo soccorso intervengono illustri parlamentari e giornalisti di cui sono notorie le avventure erotiche poco commendevoli scoperte in passato dalla polizia. Quanto a dire: le violazioni al comune senso della morale, le escursioni nel campo del proibito, del vizioso, dell'illegale sono ormai la normalità per il ceto dirigente della repubblica democratica italiana e dell'Occidente ricco ed egemone. Come viene confermato dal principe di Monaco che assolda uno spione della CIA per sorvegliare i suoi cortigiani infedeli, e dalla proliferazione di agenti segreti e spioni che per conto di stati o di aziende penetrano i segreti dei cittadini invisi al governo o dei concorrenti. Insomma un mondo ignobile di corrotti e di spie, di sgherri e di lenoni contro cui gli onesti superstiti non hanno scampo e possono fidare unicamente nella speranza che nessuno si accorga di loro.

Che succede? La specie degli onesti si è estinta e quella dei furbi e malvagi ha invaso la Terra intera come la gramigna? Forse è il momento di riflettere sulla cosiddetta modernità, sui suoi pregi ma anche sulle sue insidie e condizionamenti. Cominciamo dai mezzi d'informazione e di spionaggio. È innegabile che oggi spie e pescatori nel torbido hanno a loro disposizione un arsenale tecnico irresistibile: telefoni che girano filmini, teleobbiettivi che fotografano a chilometri di distanza, microspie a cui non sfugge un sospiro, ragion per cui ogni avanzo di galera, ogni balordo – e il mondo ne è pieno – può trasformarsi in un agente segreto che fa passare un giornalista per spia, ogni fotoreporter fallito può diventare un ricattatore, ogni transessuale brasiliano può entrare nella vita segreta di un potente, nella garçonnière di Marrazzo come di un erede Agnelli. Nella modernità lo spionaggio da una necessità dello stato si trasforma in una normalità delle relazioni economiche, tutte le grandi aziende arruolano noti spioni per avere informazioni sui loro concorrenti, aziende come la Telecom o la Pirelli e persino squadre di calcio come l'Inter avrebbero alle loro dipendenze qualche servizio d'informazione. I quali ricorrono alle armi e ai trucchi tradizionali degli spioni, le belle cortigiane come i prestanti transessuali, fra il denaro facile, la polizia corrotta e l'inevitabile polverina bianca della cocaina. Ma non basta. A fornire una giustificazione sociale e ideologica al marciume generale vengono mobilitati gli analisti e gli psicologi i quali su tutti i mezzi d'informazione spiegano dottamente che gli uomini arrivati al potere spesso senza merito sono consci del loro ingiusto privilegio e prima o poi non resistono alla voglia di autodistruggersi, come a una superiore e invincibile vendetta della morale sul libertinaggio senza limiti. E altre eleganti spiegazioni che il potere non ha limiti tranne la sua incontinenza.

L'uomo a due dimensioni

Come uomo di lunga vita ho avuto il tempo per conoscere i miei simili, le "scimmie assassine", i "bipedi che strisciano tra cielo e terra", come diceva il vate di Stratford. Mi ha colpito dei miei simili la misteriosa duplicità del loro modo di essere, di vivere. I due tempi dell'uomo: quello dell'immortalità e quello della fragilità. La certezza di essere immortale è propria degli anni verdi, quando si è giovani e forti. Ma non sempre. A volte quella certezza è di breve durata, si spegne, il dio che ti protegge ti abbandona, se ne va. Ho conosciuto in guerra uomini valorosi, di coraggio estremo, primi negli assalti, nelle marce in territorio nemico e li ho visti ripresi dalla fragilità, li ho visti tornare alle prudenze, a nascondersi, come se in loro si fosse spenta la forza vitale. Li riconoscevi dal sorriso incerto, dai trasalimenti. Ho incontrato la certezza nell'immortalità nei giorni di guerra. Sei in un bosco per seguire i movimenti del nemico che ti cerca. Sei vicino a un albero di tronco forte, in piedi dietro l'albero, e d'improvviso nell'aria arriva come uno schiaffo, come un soffio, vedi nel tronco zampillare una raffica di proiettili. Ti morde uno spasimo di paura, ma resti certo della tua immortalità, la Parca non ha ancora spezzato il filo della tua vita. Oppure sai che dietro la svolta della strada può esserci un agguato, che dietro quel dosso c'è un nemico, ma se sei certo dell'immortalità troverai uno scampo. Nella certezza dell'immortalità anche il buio può esserti amico, il buio che ti ha atterrito nell'infanzia può diventare una difesa: puoi passare un valico presidiato dal nemico, rasentare le sue guardie, sentire i loro richiami, ma passare. Nel buio che prima ti atterriva ti muovi come l'uomo invisibile delle favole, ti spingi fin sotto la casa dove il nemico si è trincerato per la notte, vedi quello che sta di guardia a una finestra, vedi la brace della sua sigaretta e puoi anche risparmiargli la vita, perché l'immortalità ti fa generoso. Nel tempo della fragilità, che prima o poi arriva, quando la protezione del tuo dio ti ha abbandonato, vivi nel vuoto e cerchi di riempirlo, allontanarlo dietro porte blindate, casseforti murate, occhi di telecamere appesi alle pareti, ronde di sorveglianti e anche di cani feroci, che lasciano sempre passare i ladri e gli assassini, i *cave canem* ignorati nei secoli. Nel tempo della fragilità sai di essere un guscio sottile, debole, che anche un bambino può spezzare. È questa fragilità di molti, di tutti, che ha creato la società, lo stato, il bisogno assillante della sicurezza di cui parliamo in continuazione e che non raggiungiamo mai, l'eterna promessa dei governanti, il loro eterno inganno che funziona quando sono in cerca del tuo voto, del tuo consenso. Ora che ho compiuto il mio percorso fra immortalità e fragilità mi pare di vedere più lucidamente le opportunità e i rischi della vita, ma sempre dominato, trascinato da quei due opposti stati d'animo, dell'immortalità divina e della fragilità senza scampo. Sbagliano gli uomini a sorridere delle loro eterne scaramanzie, del cercare per tutta la vita i segni della fortuna e sfuggire quelli della sventura. Sbagliano quelli che nel tempo dell'immortalità cedono alla superbia e al disprezzo per i deboli. Prima o poi arriverà anche per loro il tempo di sentirsi nudi e indifesi. Non c'è eroe, non c'è potente, non c'è tiranno che possa sottrarsi a questa altalena tra la fiducia e la disperazione. Dicono che essa sia ciò che ci distingue dagli animali. Ma che ne sappiamo noi di loro? Guardare indietro, ricordare i giorni dell'immortalità in quelli della fragilità è un esercizio rischioso che può lasciare atterriti. Come è stato possibile che tante volte abbiate sfiorato la morte o le mutilazioni e le invalidità, come avete fatto a resistere alle fatiche incredibili, che abbiate resistito per mesi, per anni, a quelle angosce? I reduci mentono a se stessi per poter ricordare. Un tempo che per essi resta memorabile, ma anche incredibile e assurdo quando se ne è usciti.

Indice